智慧树双创教育系列

大学生创业概论与实践

Theories and Practices of Entrepreneurship for University Students

11 位深谙国际国内"双创"背景的知名学者共同打造，汇聚**8**所著名高校的前沿理论，并将之融贯于实践的一门创业课程。

《创业企业战略与机会选择》 课程1.0

2017年入选首批国家精品在线开放课程

按照《教育部关于加强高等学校在线开放课程建设应用与管理的意见》(教高〔2015〕3号)、《教育部办公厅关于开展2017年国家精品在线开放课程认定工作的通知》(教高厅函〔2017〕40号)精神与要求，经专家评议及综合评定，认定490门课程为 2017年国家精品在线开放课程，现予以公示。

共建学校

混合式教学模式

·· 跨校共享 ··

第一部分是借助智慧树移动学习平台实现在线自主视频学习
第二部分是在本校教师的组织下，实现跨校直播互动

在线自主学习　　　　　　　　　　　　**跨校直播互动**

视频　　作业　　讨论　　　　　　　　课堂集中　　　　手机或计算机

教材编委会成员及简介

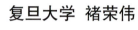

复旦大学　褚荣伟
复旦大学管理学院市场营销系副教授
麻省理工学院斯隆管理学院访问学者
加州大学中美商业法律研究院梁氏学者
复旦大学中国市场营销中心助理主任
复旦大学健康金融实验室执行主任

北京大学　路江涌
北京大学光华管理学院组织与战略管理系教授，系主任
教育部长江青年学者
国家自然科学基金杰出青年基金获得者

清华大学　何晓斌
清华大学社会科学学院副教授，博士生导师
斯坦福大学统计学硕士和社会学博士
上海弈汇数据技术有限公司联合创始人

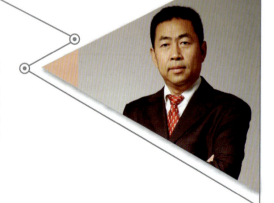

中山大学　任荣伟
中山大学管理学院教授，战略与创新创业方向博士生导师
牛津大学访问学者
中山大学创业学院教学总监
中山大学创业中心常务副主任

上海交通大学　桑大伟

上海交通大学博士、副教授
亚洲中小企业理事会副主席
亚洲创业教育联盟秘书长
中航紫竹特思创联合孵化器创业导师

中国人民大学　宋继文

中国人民大学商学院组织与人力资源系副教授、副主任
中国管理国际学会（IACMR）中国区代表
爱思唯尔2014、2015、2016、2017年中国高被引学者

复旦大学　孙金云

复旦大学管理学院企业管理系助理教授，硕士生导师
复旦青年创业家教育与研究发展中心主任
麻省理工学院斯隆管理学院访问学者

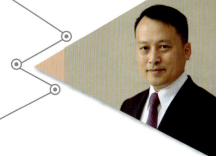

复旦大学　唐跃军

复旦大学管理学院企业管理系副教授
兼任多家公司独立董事、独立监事
入选复旦大学卓越人才计划"卓学计划"

上海大学　于晓宇

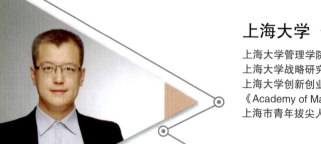

上海大学管理学院教授
上海大学战略研究院副院长
上海大学创新创业研究中心主任
《Academy of Management Perspectives》编委
上海市青年拔尖人才、青年东方学者、曙光学者

复旦大学　王安宇

复旦大学管理学院管理科学系副教授
麻省理工学院斯隆管理学院访问学者
曾任复旦大学管理科学系副系主任，上海宝山区政策研究室副主任

浙江大学　郑刚

浙江大学管理学院创新创业与战略学系副主任
浙江大学科技创业中心创始主任
浙江大学硅谷创业实验室主任
国际小企业联合会中国副会长
斯坦福大学访问学者
是全面创新管理理论、全面协同创新理论主要提出者之一

高等院校创新创业教育规划教材

THEORIES AND PRACTICES OF ENTREPRENEURSHIP
FOR UNIVERSITY STUDENTS

大学生创业概论与实践

孙金云　褚荣伟　何晓斌　路江涌
任荣伟　桑大伟　宋继文　唐跃军　编著
王安宇　于晓宇　郑　刚

机械工业出版社
CHINA MACHINE PRESS

"大学生创业概论与实践"是由来自国内 8 所高校共 11 位主讲教师共同完成的一门有关创新创业的课程。这门课程旨在告诉大家什么是创业、应该怎样去了解创业、如何为创业的过程做准备、在创业的过程中会遇到怎样的困难,以及谁可以为我们的创业提供帮助。所以,这是一门关于创业的基础课程。本书将该课程内容整理成册,并引入了大量的案例及专栏,以增强可读性,激发读者学习和研究创业的兴趣。希望本书能够强化大学生的创业精神和技能,对未来可能创业的同学们有所帮助。

本书主要适用于普通高等学校创业教育通识课程,既可用于本科生教学,也可用于 MBA、EMBA 和研究生教学。同时,本书也可以为创业者和准备创业的人提供帮助和参考。

图书在版编目（CIP）数据

大学生创业概论与实践 / 孙金云等编著. —北京:
机械工业出版社,2018.6
高等院校创新创业教育规划教材
ISBN 978-7-111-60020-6

Ⅰ. ①大… Ⅱ. ①孙… Ⅲ. ①大学生-创业-高等学校-教材 Ⅳ. ①G647.38

中国版本图书馆 CIP 数据核字（2018）第 109286 号

机械工业出版社（北京市百万庄大街22号　邮政编码100037）
策划编辑：裴　泱　　责任编辑：裴　泱　易　敏
版式设计：张文贵　　责任校对：张　力
责任印制：张　博
三河市宏达印刷有限公司印刷
2018 年 8 月第 1 版第 1 次印刷
184mm×260mm・15.25 印张・2 插页・231 千字
标准书号：ISBN 978-7-111-60020-6
定价：42.80 元

凡购本书,如有缺页、倒页、脱页,由本社发行部调换

电话服务　　　　　　　　　　　网络服务
服务咨询热线：010-88379833　　机 工 官 网：www.cmpbook.com
　　　　　　　　　　　　　　　　机 工 官 博：weibo.com/cmp1952
读者购书热线：010-88379649　　教育服务网：www.cmpedu.com
封面无防伪标均为盗版　　　　金　书　网：www.golden-book.com

前言

科技是第一生产力，创新是一个民族的灵魂。当前，大众创业、万众创新的理念正日益深入人心。各大高校都开设了与创业相关的课程，本书也是为"大学生创业概论与实践"这门课程而写的。本书有一个很显著的特点，就是邀请了来自复旦大学、清华大学、中山大学、上海大学、中国人民大学、上海交通大学、浙江大学、北京大学8所高校共计11位创业课程的主讲教师来为我们打开创新创业的大门。他们将共同为大家呈现一门汇聚了顶级师资的最精彩的关于创业的饕餮盛宴。

大学生创业对中国经济发展具有非常重要的意义。首先，自主创业可以解决大学生的就业问题，同时也能创造更多的工作岗位；其次，大学生自主创业可以造就一批小企业，而小企业最终将会发展成为中型和大型企业，数量众多的新成立的小企业是国民经济中最有生机与活力的组成部分；最后，新兴企业的自主创立能够促进科技成果的转化，结合科研与实践，建立一条创业发展通道。但是，众所周知，创业不是一件容易的事情，因此，我们希望本书能够让创业者在创业过程中少走一些弯路，能够为有创业想法的同学提供一些参考。以下是本书的章节安排：

第1章主要讲的是"创业概念"，我们在这一章会告诉大家什么是创业，创业者和职业经理人有区别吗、有什么区别，中国和美国的创业有什么不同。

第2章的内容是"创业起点"，我们在这一章会跟大家分享该怎么去寻找创业的机会，大公司可以开展创业吗，创业有哪几种主要的类型，不同的类型有什么区别，以及如果创业失败了怎么办。

在第3章中，我们会分享创业的过程，包括怎么去创建一支创业团队，创业团队的股权应该如何分配，创业者如何在对外融资的过程当中依然保留对公司的控制权，如何获得第一批顾客，创业公司怎样对自己的公司和产品进行推广，创业过程中的资金从哪里来,以及天使投资人扮演了一个什么样的角色,他们真的是天使吗?这些都是在创业过程中可能会遇到的问题。

第 4 章讲的是"创业方法论",在这一章中我们能够了解到什么是精益创业,什么是精益战略。精益创业和精益战略会分成两讲,而这两部分内容又有一定的逻辑关系。首先我们要了解什么是精益创业,在此基础上,如果你能够在市场中站稳脚跟,那么就要去思考下一步,即战略应该如何去发展。

第 5 章讲的是"不一样的创业"。通常我们认为的创业可能会有许多局限性,而在创业的世界里还有很多丰富多彩的形式以及相应的模式,所以在这一章我们会跟大家分享社会创业以及共享经济之间有什么关联,有什么区别,平台模式有什么样的利与弊,平台模式未来会如何走向,女性创业和我们常见的创业有区别吗?最后一讲会告诉大家在创业的过程中有哪些政策、机构和个人可以为我们提供帮助。在创业的过程中,我们要善于调动、利用外部的资源,这样我们就能够克服更多的困难,走得更加顺畅。

以上就是我们这门课程的结构,也是本书的结构。最后,感谢 11 位来自 8 所高校的主讲教师的宝贵分享,他们负责编写的内容分别是(按章节顺序排列):

孙金云	复旦大学	1.1	什么是创业?
		5.4	你了解创业机构与政策吗?
何晓斌	清华大学	1.2	创业者和经理人有什么区别?
		1.3	中美创业有何不同?
任荣伟	中山大学	2.1	如何寻找创业机遇?
		2.2	大公司可以创业吗?
于晓宇	上海大学	2.3	创业的主要类型和区别是什么?
		2.4	创业失败怎么办?
宋继文	中国人民大学	3.1	如何构造团队?
		5.3	女性创业知多少
唐跃军	复旦大学	3.2	如何设计创业团队股权?
		3.3	如何保障创业者的公司控制权?
褚荣伟	复旦大学	3.4	如何寻找首批用户?

桑大伟	上海交通大学	3.5 创业企业如何推广？
		3.6 创业资金从哪来？
		3.7 天使投资人是真的"天使"么？
郑　刚	浙江大学	4.1 什么是精益创业？
路江涌	北京大学	4.2 什么是精益战略？
王安宇	复旦大学	5.1 社会创业与共享经济的异同
		5.2 平台企业商业模式

可以看到，我们汇聚了国内顶尖高校的优秀师资，打造了这样一门精彩的创业课程，希望能够为同学们提供更好的帮助，帮助他们了解创业甚至走向创业。

孙金云

于复旦园

创业案例目录

1-1：爱回收 // 003
1-2：优秀的创业者和经理人 // 010
1-3：斯卡利 vs 乔布斯 // 013
1-4：吉利集团的汽车制造之路 // 014
2-1：史密斯与联邦快递 // 042
2-2：悬挂式红外测温仪 // 044
2-3：不协调下的机遇 // 045
2-4：交通里的机会 // 045
2-5：糖豆广场舞 // 046
2-6：淘金者的牛仔裤 // 047
2-7：微信 // 048
2-8：3M 公司的小小报事贴 // 053
2-9：乐蜂网 // 062
2-10：女性创业——摩拜单车 // 062
2-11：连续创业者季琦和埃隆·马斯克 // 063
2-12：模仿型创业和创新型创业 // 065
3-1：四君子和他们的创业神话 // 080
3-2：制度的力量 // 083
3-3：股权分配与创业企业成败 // 085
3-4：美国操控国际货币基金组织 // 096
3-5：Uber 与共享单车 // 102
3-6：Dropbox // 103
3-7：首批用户：供方 vs 需方 // 104
3-8：良好的客户体验 // 105
3-9：Dropbox 与百度网盘 // 107
3-10：凡客 // 119

3-11：俏江南风波：谁不满意谁？// 136
4-1：Webvan 的失败 // 146
4-2：Facebook // 148
4-3：小米的路由器开发之路 // 151
4-4：硅谷精益创业案例 // 151
4-5：微信的迭代 // 152
4-6：顺丰嘿客 // 153
4-7：Zappos // 156
4-8：精益画布实例——CloudFire 项目 // 158
4-9：iPhone 的生命周期 // 168
4-10：腾讯的发展路径 // 172
4-11："得到" App // 176
5-1：Grameen Bank // 191
5-2：再生银行 // 192
5-3：免费？德国免费公厕年赚 3000 万欧元的商业奇迹// 194
5-4：Airbnb // 198
5-5：Zipcar——传统租车行业颠覆者 // 203
5-6：Practice Fusion // 205
5-7：P2P 网络借贷公司 // 206
5-8：威客模式 // 209
5-9：嘉信理财：单一来源系统 // 211
5-10：滴滴出行 // 213
5-11：女性创业 // 218
5-12：不气馁的连续创业者 // 230

专栏目录

1-1："泛共享经济"背后的沉浮密码　　　　　　　　007

1-2：中美创新创业方式和成长路径的比较　　　　　027

1-3：中国盛行微创新　　　　　　　　　　　　　　030

2-1：政府推动创业的利弊之辩　　　　　　　　　　038

2-2：腾讯QQ　　　　　　　　　　　　　　　　　　059

3-1：确定融资金额　　　　　　　　　　　　　　　121

3-2：创业成本测算要小心　　　　　　　　　　　　122

3-3：创业融资的周期和轮次的基本概念　　　　　　123

3-4：融资计划的提前量　　　　　　　　　　　　　124

3-5：个人情感与商业契约　　　　　　　　　　　　125

3-6：创业失败的资金清算与偿还　　　　　　　　　128

3-7：融资组合　　　　　　　　　　　　　　　　　129

3-8：天使投资基金的运行方式　　　　　　　　　　132

3-9：接触天使投资的数量不是多多益善　　　　　　134

3-10：创业者如何选择投资人　　　　　　　　　　　135

3-11：对赌协议　　　　　　　　　　　　　　　　　138

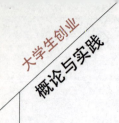

目录

前言

创业案例目录

专栏目录

第1章 创业概念

1.1	什么是创业？	003
1.2	创业者和经理人有什么区别？	010
1.3	中美创业有何不同？	015

第2章 创业起点

2.1	如何寻找创业机遇？	035
2.2	大公司可以创业吗？	051
2.3	创业的主要类型和区别是什么？	061
2.4	创业失败怎么办？	067

第3章 创业过程

3.1	如何构造团队？	079
3.2	如何设计创业团队股权？	082
3.3	如何保障创业者的公司控制权？	093
3.4	如何寻找首批用户？	098
3.5	创业企业如何推广？	109
3.6	创业资金从哪来？	120
3.7	天使投资人是真的"天使"么？	130

第 4 章 创业方法论

4.1 什么是精益创业?	145
4.2 什么是精益战略?	159

第 5 章 不一样的创业

5.1 社会创业与共享经济的异同	191
5.2 平台企业商业模式	204
5.3 女性创业知多少	215
5.4 你了解创业机构与政策吗?	220

参考文献   234

第1章 创业概念

1.1 什么是创业?

本节主要内容有:

1. 什么是创业;
2. 创新和创业的关系;
3. 社会上人们对创业的误区;
4. 创业动机的不同,认识"社会创业"企业;
5. 创业的难点所在。

2014年以来,我国出现了大众创新、万众创业的热潮,许多大学都开设了与创业相关的课程,我们也能够从身边的故事和新闻报道中得知已经有许多年轻人勇敢地走上了创业这条风光无限却又困难重重的道路。那么,究竟什么是创业呢?

创业案例1-1

爱回收

2009年,在复旦大学管理学院举行的"聚劲杯"创业比赛中,有一支团队靠着二手物品交换的方案获得了第三名。领头的是一位刚毕业两年的复旦大学计算机专业硕士研究生——陈雪峰。其实,他在读书期间就有了很多创业的想法。当他了解到,在美国曾经有人通过以物换物的方法,不停地去跟别人交换,最后用当初的一枚曲别针换得一套房子的故事后,心思变得活络起来。这个匪夷所思的故事给小陈同学带来了很大的启发,他在想,这会不会成为一种非常有趣的商业模式?而这个模式又能不能支持我开创自己的事业呢?

于是,比赛后,他找到了几个志同道合的小伙伴,大家共同成立了一家创业企业。他们最开始也想用以物易物的方法,让大家通过这种交易来享受其中的乐趣,同时每个人都能够换到自己需要的新物品,并为此感到开心。可是这个模式在执行的过程中遇到了很多障碍,因为要让一个拥有曲别针的用户和一个拥有笔记本的用户的需求实现完美适配是一件很难的事情,并且如果过程中每一笔交易成功的可能性都很低,那么公司的运营就很难走向规模化。

一个看上去很好的想法,自然会有一些创业者或者创业企业去尝试,然而最后的结果却可能并不那么理想。不过没有关系,早期的困难并没有打击他们的热情,很快,他们就对这个方案做了一些调整。这种以物换物的模式要求卖家和买家手里有对方所需要的物品。然而大家都知道,货币之所以能够作为一般等价物,正是因为它可以起到交换中介的作用。既然这种以物换物的方法很难让公司做大,他们索性就想,不如只照顾交易的一边。公司模式变成了收购二手物品,然后再想办法去处置这些二手物品。如此一来,他们通过不同的渠道,例如针对企业的渠道、废物回收的渠道、针对二手物品翻新的渠道来对模式进行调整。这种模式自然比前面一种模式更容易达成交易。但是新的问题又出现了,二手市场产品的种类繁多,二手物品的新旧程度、功能是否完整、是否破损等情况更是大大增加了产品本身的多样性,让企业的内部管理变得极其复杂。正是因为这个原因,新的方法比起以物易物的模式的确有所改进,可是还是不能做到让公司快速成长。

经过不断的讨论和试错,他们又产生了新的思考,是应该把范围做大还是应该从中聚焦?后来,他们大胆地决定要做聚焦,这样才能在聚焦的品类当中扩大交易量,从而带来更大的规模效应,降低单位成本。经过新一轮的调整之后,他们决定只回收二手的手机。于是出现了一家叫做"爱回收"的企业。

经过六年的努力,"爱回收"已经成为中国二手手机回收领域的领头羊,每月20万的订单量,2000万用户,占据80%的市场份额,公司估值早已经超过了10亿元人民币。这群创业的小伙子们带领着团队成功地使企业扩大了规模,而且到目前为止,他们一直专注在二手手机回收业务上。

在这个案例中,陈雪峰同学能够走上创业的道路是有一个过程的。首先,是因为他看到了机会。然后,在创业的过程中,必然会遇到许多困难与挫折,在面对这些困难与挫折的时候,创业者们不仅要咬牙坚持,更要持续地反思自己的创业模式有哪些问题与缺陷,不断改正,不断试错,让自己的模式变得更加完美、能更加适应市场的需要，才能使得企业发展壮大。其次，在创业的过程当中，首先需要的不是资金，而是识别商机的那双慧眼。当然，还需要关注的是，仅靠一个人的力量是无法完成创业的，所以还需要有一个能力互补、价值观相同的团队，"爱回收"找到的"志同道合"的创业伙伴所形成的团队对于企业的发展十分重要。当企业具备雏形，后期发展到一定规模和成长速度的时候，就会有各类资金来提供帮助，从早期的各类政府和学校提供的补贴或贴息贷款，到后续的天使投资、风险投资等。美国的创业教育先驱杰弗里·蒂蒙斯教授提出了一个创业要素模型[一]，认为创业的关键要素包括机会、创业团队与资源，恰好印证了陈雪峰同学创业的过程。

我们经常能够听到这样一句话：创新和创业是分不开的。但是在生活中，对于创新和创业，我们普遍存在一些偏见。例如：有很多人觉得创业意味着要放弃事业、放弃学业，注册公司，然后寻找顾客来赚取利润；也有人用业余时间在淘宝注册个网店认为这就是创业；还有许多年轻人受到互联网上那些成功故事的鼓动，认为通过创业就能成为下一个乔布斯或扎克伯格，却忽视了创业过程中的方法和风险，一味蛮干。实际上创业的世界远比以上理解要丰富和复杂，我们称之为创业的生态圈。创业与创新有关。创新和创业是两件有所不同但又密切关联的事情，我们可以通过两个矩阵对创新和创业有更加深入的理解。

在第一个矩阵（图 1-1）的横向维度中，我们可以看到创新和创业是相互依赖的。如果没有创新的内容，那么公司将很难获取竞争优势，实现规模化快速发展，最多也就是做个小生意；而如果缺少创业的商业化过程，则创新的内容就只能留在实验室，没有办法实现商业价值，创新的付出也无法得到回报。所以创新和创业是两个相互关联但又相互区别、相互依存的概念。纵向的维度是实践和理论的关系，在创新和创业之间存在着一些普遍的规律，这些规律的存在使得对于创新和创业的理论研究有了意义。在实践的层面，管理者、创业家分别代表创新和创业的实践者。所以我们要把理论和实践、创新和创业交互地放在一起，才

[一] 杰弗里·蒂蒙斯，小斯蒂芬·斯皮内利. 创业学 [M]. 周伟民，吕长春，译. 北京：人民邮电出版社，2005：31.

能够完整地看到创新创业的整个生态。

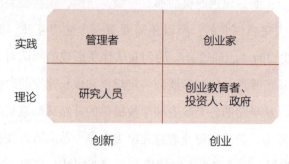

图1-1 创新创业矩阵

社会上对于创业的理解存在的另一个误区是：许多人把创业看作是一个一夜暴富的机会。我们通过媒体看到了那些已经在中国创业成功的案例，看到了马云、马化腾等成功创业者的传奇经历，许多人被他们的故事所影响，总觉得一旦开始创业，就会有大量的资金找上门来。事实上，在创业的过程中，我们只看到有些企业的成长速度很快，例如小米用了五年的时间成为国内智能手机行业的前三强，摩拜单车只用了三年时间就成为一家独角兽企业。这些企业的创始人成为媒体关注的"创业明星"。可是除了这些特殊的案例之外，还有不计其数的创业企业成长速度并没有那么快。创业企业失败的概率是非常高的，据统计，我国创业企业在一年内的存活率低于三成[一]。聚光灯下的企业看起来确实很诱人，但我们也不能忘记创业本身要面临的巨大风险。

创业不应该仅仅是追求个人财富。创业的动机可以分为追求经济效益和追求社会效益两类（见图1-2）。志愿者、慈善事业工作者等可能会创立追求社会效益的企业，如果同时这类企业能取得一定的经济效益，那么这样的企业我们可以称作"社会创业"企业。这类企业和追求商业价值的企业有很大的不同。有一位年轻的小姑娘在去西藏旅游的途中看到藏区牧民的生活很困难，想要帮助他们摆脱贫困，于是成立了一家专门帮助牧民母亲的创业公司，通过收购牧民家庭牦牛身上的毛制品来帮助当地人提高生活水平。这样的创业模式不但具有商业特征，同时还具有极强的社会效益。类似这样的企业还有很多，例如关注贫困地区

[一] 张玉利. 创业管理[M]. 北京机械工业出版社，2015：260.

的失学儿童、孤寡老人等，还有一些社会创业的企业关注环保、动物保护、节能减排。如果能够找到一种模式，既能够带来社会效益、能够发展、能够复制，同时又能够带来经济效益，实现自身的造血功能快速发展，那么这样的创业模式是值得尊重的。除了社会效益以外，还有大量企业成长速度很慢，这些创业者并不是失败的，他们的目标或许并不是为了获得巨额财富，而是怀揣着对创业的热情服务他人。这样小而美的企业同样是值得尊重的。

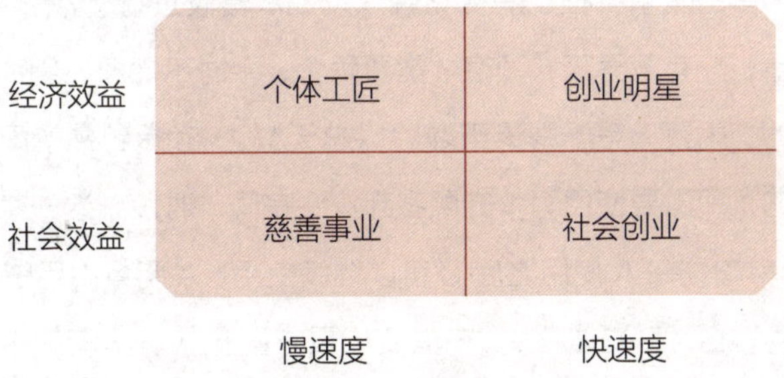

	慢速度	快速度
经济效益	个体工匠	创业明星
社会效益	慈善事业	社会创业

图1-2 创业效益矩阵

对于创业的理解离不开创新，既要有实践也要结合理论，不仅要关注经济效益，更要关注社会效益。所以创业这件事，不像我们想象的那么简单，创业本身对于社会有很大的贡献和帮助。我们要学习的便是这样的创业。

专栏1-1

"泛共享经济"背后的沉浮密码

自从共享单车成为城市出行的重要途径以来，各类打着"共享经济"旗号的创业企业，例如"共享篮球""共享充电宝""共享雨伞"等横空出世，围绕着"共享经济"的舆论，也毁誉参半。尽管滴滴打车、摩拜单车、途家曾被认为是当下中国最具代表性的三个"共享经济"践行者。然而，当理性的检验随着时间的推进愈发纵深，关于这三者"非真正共享经济"的批语不绝于耳。○

○ 资料来源：《"泛共享经济"背后的沉浮密码》，解放日报，2017年5月22日。

"共享经济"真的具有那么大的威力吗？有哪些物品或模式能够借助"共享"成为下一个投资创业的热点？

上海有一家企业，在梅雨季时，投放了100把共享雨伞，挂在十字路口，贴上二维码，也加装了GPS，但几天后投放的雨伞全都不翼而飞①。为什么呢？我们可以从以下几方面思考这个问题：

尽管在媒体采访时得出公民素质还不够高的结论，但从创业中模式设计的角度，至少要对顾客的需求特征、消费场景以及成本营收进行了解和判断。从顾客的需求特征来看，只有下雨天，顾客才需要雨伞，平时不需要，因此雨伞有大量的时间是被闲置的，闲置率等于晴天天数除以总天数。考虑到共享雨伞受天气变化的影响是统一的，即需要使用雨伞的顾客都集中在同一时段，这一特征与共享单车不一样。共享单车是在A使用之后B可以继续使用，A闲置不用的时间对B有价值，其产品使用率自然就提高了。在消费场景方面，共享雨伞集中摆放在十字路口，而需要使用雨伞的时候，通常人在室内，拿取和归还雨伞的过程都会被淋雨，非常不便，如果等到天晴再归还雨伞，又面临遗忘、携带等各种麻烦。方案在执行中没有考虑顾客的消费行为和消费场景。在成本营收方面，一把雨伞成本并不高，这一方面导致街头的共享雨伞不会取代家中常备的雨伞，另一方面，租用费除以购买的租购比过高，会导致顾客认为租金偏高，集中的需求和过低的雨天占比则降低了企业本身的盈利能力。总体而言，如果不对以上模式进行重大调整，这样的"共享雨伞"创业怕是走不远。

借用以上的分析思路，你觉得在许多商场出现的"共享充电宝"创业会成功吗？为什么？

创业的难点在于如何把创新的技术或想法商业化，如何为顾客创造价值，并在这个过程中企业本身也能捕获价值。在回答这些问题时，创业者往往面临一些至关重要的选择。

第一个是关于竞争的选择，或称之为选择"跑道"。以餐饮行业为例，如果你

---

① 资料来源：《百把共享雨伞一把没剩 企业回应：还会放第二批》，法制晚报，2017年6月5日。

打算满足当下白领对于健康餐饮的需求，那么开设一家主打健康蔬食的餐厅，或者开设一家专门针对白领的果蔬汁电商，肯定面临着许多不同的挑战。你甚至可以考虑为那些主营健康餐饮的餐厅或果蔬汁电商提供配套的酱料供应，成为一家针对企业（to B）而不是直接针对终端消费者（to C）的企业。不同的竞争跑道显然对团队技能、运营、财务结构和针对竞争对手的策略等有着截然不同的要求。

第二个是对于顾客的选择。目标顾客是谁？他们分布在哪里？高端顾客往往更在意品牌形象和质量，低端顾客对价格更加敏感；一线城市竞争更加激烈但市场容量大，二三线城市则可以模仿一线城市刚刚出现的新模式或新产品。要回答以上问题并不容易，因为这可能和创业团队具备的资源和能力有关。滴滴、快的、神州和易到这四家企业都选择一线城市作为创业的焦点，是因为在这些城市资本和信息获取更加容易，而且一线城市大量的人口对于打车软件这种极其依赖网络效应的模式十分适配。然而，他们对于顾客的选择却未必完全相同。在上述四家企业中，神州专车一直坚持强调品质和高端定位，虽然在滴滴和快的疯狂烧钱的阶段也失去了一定的市场份额，但在二者合并后，神州专车却依然能在打车软件的高端市场保有一席之地。相反，易到对于顾客的选择就没有那么清晰，导致市场竞争地位的大幅下降。

第三个选择是关于技术及进一步对竞争优势来源的选择。摩拜与ofo同为共享单车领域领先的企业，但二者对技术的选择显然不同。ofo第一代产品的技术简单，缺乏GPS，容易丢失，车辆故障率高，但是成本低，同样的融资情况下，扩张速度快；但摩拜却强调产品质量，提出"四年免维护"的目标，车辆外形酷炫，有轴传动、GPS定位、五幅轮毂、免充气轮胎等多项技术，然而却导致造价高，在市场进行价格战、依赖网络效应和同样融资规模的情况下，难免出现"曲高和寡"的局面。不同的技术路线带来竞争手段的差异，再考虑到各地推出的共享单车管理措施的影响，两家企业纷纷意识到各自技术路线带来的弊端，开始不断调整产品技术策略。

最后一个选择是关于创业企业的独特性，即如何做到与众不同。经典战略理论中提到企业获得和参与竞争的根本目的是为了打造别人无法取得的地位，让自己与众不同，关注形成怎样的核心竞争力。顾客的定位、企业的能力及打造的生态系统都会形成企业的竞争优势。正如小米，在中国许多手机生产商中，小米早期的技术并不强，产品质量也不突出，但是小米充分利用互联网的特征，打造忠

诚的顾客群体,营造参与感,产品聚焦,不断迭代,迅速打入智能手机第一阵营,的确做到了与众不同。

所以,对于一个创业者而言,竞争、顾客、技术及独特性是创业过程中面临的四个非常重要的选择。当然,创业的世界很复杂,以上仅仅是一个非常粗略的描述。正如"一万个读者就有一万个哈姆雷特",没有任何两个创业者或创业企业是完全相同的,创业的过程极具个性化和实践性特征,这也正是创业的魅力所在!

[1.2 创业者和经理人有什么区别?]

本节主要内容有:

1. 创业者和经理人;
2. 比较创业者和经理人的不同;
3. 优秀的创业者和经理人所具有的特质。

成功的创业者应该具备什么样的特征?他们拥有什么样的能力和思维方式?本节我们将通过对创业者和经理人的比较来探究这一问题。

创业案例1-2

优秀的创业者和经理人

首先思考这样一个问题,你心目中优秀的创业者和经理人分别是怎样的?

苹果公司的创始人史蒂夫·乔布斯、苹果公司现任 CEO 蒂姆·库克、阿里巴巴董事局主席马云、阿里巴巴现任 CEO 张勇、京东集团董事局主席兼 CEO 刘强东、小米科技公司创始人兼 CEO 雷军,这六位企业家或者创业家,谁更符合优秀创业者的形象? 谁更符合优秀经理人的形象? 不同的人有不同的答案,但是,肯定有一部分读者的想法是下面这样的:大家普遍认为乔布斯是非常优秀的创业者。

乔布斯在世的时候,总是在持续地创新,不断地推出颠覆性的创新产品,例如iPod、iPhone、iPad等。乔布斯2011年因病去世后,苹果公司的创新程度有所下降。蒂姆·库克是MBA出身,他目前掌管的苹果公司,虽然市值很高,但是基本上没有颠覆性的创新产品继续推出,只是iPhone等相关产品的更新换代。现在,iPhone在中国的市场份额不断被华为等国内手机厂商超越,所以,长远来看,苹果公司的发展堪忧。因此,蒂姆·库克是典型的经理人的角色,因为他并没有参与苹果公司的早期创建过程。但我们也能够看到,蒂姆·库克也许称不上才华横溢,但无疑是情商和智商都高超过人的典型美国经理人。可以这么说,乔布斯留下的苹果公司像是一个有着"怪脾气"的天才小孩,而蒂姆·库克在管理过程中,一步步将苹果公司"去乔布斯"化、企业化,让这个小孩逐步成长。

第二位优秀的创业家马云也在不断地推陈出新,从电子商务到支付宝,从云计算到蚂蚁金服,阿里巴巴集团创造出了一个又一个多元化的创新产品。

刘强东可以算作是创业家中的新生力量,目前才四十多岁。京东集团也在不断地提高内部技术运营的程度,同时研发无人机投递技术。特别是在农村地区,物流的成本很高,京东希望能够在将来实现农村地区、偏远地区的无人机投递。总的来说,京东目前的发展势头正盛。

小米的创始人雷军,也是著名的天使投资人,在前几年提出:创业需要"顺势而为"。"只要站在风口上,猪也能飞起来。""风口论"曾经在互联网创业圈中非常流行。小米也不断地推出了智能电视、空气净化器、笔记本电脑等产品。所以,雷军显示了典型的创业家的特点。可惜最近几年,小米手机的发展有些波折,被其他的国内手机厂商,例如OPPO、VIVO、华为等超越。

张勇的知名度稍微低一点,曾就读于上海财经大学。在加入阿里巴巴之前,他一直在从事财务工作。2015年5月,张勇接任阿里巴巴集团首席执行官(CEO),主要管理阿里巴巴集团的日常运营,更像是一个经理人的角色。张勇自2013年9月起全面负责阿里巴巴集团国内和国际业务的运营,带领公司成功向移动商务转型,建立全球物流平台菜鸟网络,并推出了让中国消费者购买全球品牌商品的平台——天猫国际。同时,他还主导了阿里巴巴集团多项重要战略投资,包括苏宁云商、海尔电器、银泰商业集团、新加坡邮政等。

我们发现对于相对年轻的公司来讲，创始人和 CEO 往往都由同一个人来担任，因为创业企业需要降低成本，而雇用一个高级经理人的价格非常昂贵。有的创业公司一路发展下来，创始人依然担任着 CEO 的职位，例如京东集团、腾讯等。小米公司创立还不到十年，雷军也一直是小米的 CEO。但是大部分的企业随着不断地发展，创始人总是会退居二线。很多创业家让出了 CEO 的位置，让更加专业的人来担任。

为什么很多创业家会让出 CEO 的位置呢？因为创业企业在发展的过程中，要涉及的事务和管理活动很多，工作量非常大，所以创始人的职业功能就发生了一些分化。有的创始人在比较早的时候，就把经理人的职位让出来。这往往是因为创始人自己的经验不足，他觉得在职业技能方面自己需要转型，在投资人的压力下，他就会做出让步。

在一个企业的创建和成长过程中，创业者和经理人对于企业的生存和发展都是非常重要的，二者缺一不可。创业企业事务繁多，企业的注册登记、资源获取、员工的招聘、激励考核、对外融资的谈判、获取顾客等，都是企业繁杂的活动中的一部分。这些活动主要可以分为两类：一类是对外外交，创业者需要去做一个"外交家"，要去外面找人、找钱，当然还有战略宏观方向的把握，简言之即三件事：找人、找钱、找方向。另一类是对内管理。⊖ 当创业者找好了人、找到了钱、找准了方向之后，就需要进行内部的协调与沟通、监督和执行。如果创业者自身经验不足，就需要一个专门的经理人，扮演"大内总管"的角色。创业早期由于雇用经理人的成本较高，所以很多创始人都会选择同时承担两种角色。但是同时做好创业者和经理人的职位并不容易，这是因为一个人的精力是有限的，未必能同时做好多件事情。而且不同的工作需要不同的技能，创业者所擅长的技能，并不一定能支撑其做好内部管理。一名优秀的经理人，必须要有管理艺术、领导水平和组织才能，对处理各种疑难问题的洞察力要很强，同时兼顾方方面面。

⊖ 何晓斌，蒋君洁，杨治，蔡国良. 新创企业家应做"外交家"吗？——新创企业家的社交活动对企业绩效的影响[J]. 管理世界，2013，(6)：128-137，152.

哈佛商学院诺姆·沃瑟曼教授 2008 年在《哈佛商业评论》上发表了一篇文章①，在那篇文章中，他公布了一个重要的研究成果。通过研究 212 个美国的初创企业，他发现创始人能同时做好 CEO 角色的非常少。在创业企业四周年的时候，只有 40% 的创业者还在 CEO 的职位上。能够领导公司上市的创始人不足 25%，而 80% 的创始人是被迫离开 CEO 这个职位的。因为在美国，随着企业发展需要不断融资，在企业的成长过程中，创业者的股权就会不断地被稀释，所以到最后很多创始人丧失了对企业的控制权。

创业案例 1-3

斯卡利 vs 乔布斯

以苹果公司和乔布斯为例，乔布斯在苹果公司发展壮大的时候雇用了百事可乐的原 CEO 斯卡利担任苹果公司的 CEO。但是两个人因为思维方式、发展战略的不同而产生了很大的分歧。乔布斯是一个以创业者思维为导向的人，而斯卡利是销售人员出身，他偏向管理者思维，二人常发生冲突。最后董事会投票支持了斯卡利，乔布斯被迫离开苹果公司到了洛杉矶好莱坞，开创了皮克斯动画公司，成功拍摄《玩具总动员》等动画电影。1997 年，苹果公司开始走下坡路，创新动力不足，董事会重新召回乔布斯，成为苹果公司的董事会成员和 CEO。一个创业公司要维持生存和持续发展并不容易。

创业者和经理人到底有什么样的差别？

首先是冒险精神，也就是人们常说的胆子大，做事情不会瞻前顾后。一些企业家能够成功，很大一部分原因就是胆子大、敢于承担风险。但是，成也萧何败也萧何，很多企业家也因为冒险精神而遭受了惨痛的失败，这样的例子不胜枚举。

---

① Wasserman, Noam. The Founder's Dilemma. Harvard Business Review 86, no. 2（February 2008）: 102–109.

创业案例 1-4

吉利集团的汽车制造之路

汽车制造商吉利集团的董事长李书福胆子就很大,敢于承担风险。刚开始的时候,他做过摄影,还做过房地产生意,后来房地产生意大亏,之后又去造冰箱、造摩托车,再后来,他居然提出要造汽车。他说造汽车有什么难的,不就是四个轮子上面再加个沙发吗?大家刚开始都觉得这个人真好笑。不过他后来居然真的造出来了。目前吉利集团发展势头良好,还并购了欧洲的百年老品牌沃尔沃。

经理人相对来说比较保守。经理人是守江山的人,他的管理风格往往是为了能够降低企业发展的风险,保持企业发展的稳步增长。从创始人与经理人的差别来讲,创始人对于企业往往具有一种责任感,他追求的是一种成就感,这种成就感是他致力于企业发展的内部驱动力。而经理人追求的是一种权力,即在管理的职位上所具有的对企业的控制权。对于创始人来讲,他和企业的关系立足于长期投资的回报和企业利润的获取。这个世界上最富有的那些人通常不是靠从公司领取工资来积累财富。谷歌的创始人拉里·佩奇、Facebook 的创始人马克·扎克伯格、雅虎的创始人杨致远等,在公司领取的工资可能只有几美元,但是他们从公司获取的利润回报(即股价回报)价值十几亿甚至几百亿美元,从而使他们的财富登顶。经理人和公司之间是一种短期的雇佣关系,所以他从企业获取回报的方式,主要依赖于较高的薪酬。

因此,创业者和经理人的区别,就体现在如表 1-1 所示的几个方面。

表 1-1 创业者和经理人特点比较

角色	创业者	经理人
工作关注点	企业创立	企业运营
地位	所有者	被雇佣者
企业风险	承担企业风险	雇佣契约有关的风险
企业驱动力	创新和创造力	维持现状并发展
内心驱动力	成就感	权力

（续）

回报	企业利润	工资
与企业的关系	长期	短期

导致创始人和经理人行为方式差别的背后往往是思维方式的不同。这种思维方式的不同表现为如表1-2所示的几点。

表1-2 创业者思维和经理人思维方式的比较

创业者	经理人
极富创新性、冒险精神	预测性、计划性强
极强的责任心	克己敬业、敢于领先
善于把握资源、笼络人心	为团队负责、稳妥为先

在苹果公司的发展历史上，乔布斯和斯卡利的故事就充分体现了创业者思维和经理人思维的差别。

有些创业者可能先天具有一些冒险和创新的特质，但是大量事实表明，后天也可以塑造和开发出一些创业者的特质，比如创新能力的提高、创新思维方式的培养、领导能力的培养。

很多综合性学校和商学院都可以提供这样的课程。作为大学生创业的教育工作者，他们希望能够培养学生的创业思维能力、动手实践能力、执行力，能够增加大学生对新创企业创建过程的认知与了解，激发他们的创业潜力，提高他们尝试创业的比例。希望通过学习创业课程，学生们能够更好地了解创业的基本过程和知识，培养有利于创业活动的各种能力，从而有利于他们顺利开展创业活动。

1.3 中美创业有何不同？

本节主要内容有：

1. 从主观认知来分析中美创业的不同；
2. 从客观的创业活动指标来分析中美创业的不同；
3. 中美创业的动机、影响及社会态度的差别；

4. 中美创新创业方式和成长路径的比较。

中国和美国分别作为世界上最大的发展中国家和发达国家,两国的创业者和创业生态有何不同?本节通过对全球创业观察项目①收集的数据以及其他相关数据的分析来回答这个问题。

创业活动有两个支撑点,第一个是创业的人,即创业者。创业者是整个创业过程中所有活动的支撑点。第二个是创业的生态环境,它是支撑所有创业活动的基础设施和价值体系,包括政策与规定、文化根基、国力与资本市场、教育体制、社会价值体系、市场特点和成熟度等(见图1-3)。

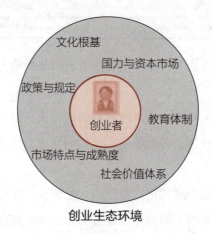

图1-3 创业生态环境的组成

以下,我们从创业活动的两个支撑点来比较中美两国创业的不同。

1.3.1 创业者个人层面

创业活动的第一个支撑点是创业者。从 GEM 的数据分析来看,中美两国存在很大不同。

1. 从创业活动的主观认知来分析

图1-4是中美两国创业者对创业活动主观认知上的区别。

---

① 全球创业观察项目(Global Entrepreneurship Monitor,GEM)是一个综合性的全球创业调查项目,由美国百森商学院组织实施。该项目的官方网址为:http://www.gemconsortium.org/。

图1-4a是创业者对于创业机会认知的比较,从图中可以看到2002年到2016年中美主观创业机会的差异。相较而言,更多的美国创业者认为创业是一个好机会。图1-4b是创业者的主观创业能力的比较,很明显,美国创业者主观上认为自己创业的能力比较强,总体在50%~60%之间。图1-4c是创业者的创业意图的比较,图中显示,中国创业者的创业意图要高于美国创业者。图1-4d是创业者害怕创业失败的比例的比较,可以看到,除了2005年之外,中国创业者害怕创业失败的比例都要高于美国创业者。

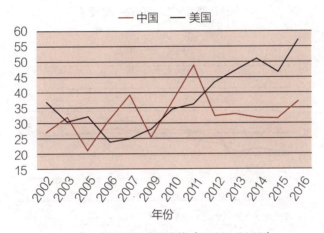

a)主观创业机会百分比(2002—2016)

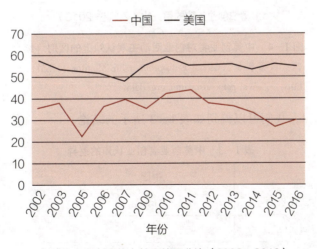

b)认为自己创业能力较强的百分比(2002—2016)

图1-4 中美创业者对创业活动主观认知上的区别

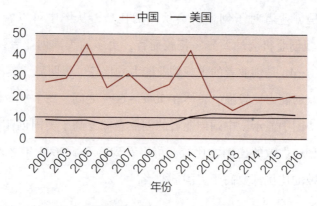

c)创业意图百分比(2002—2016)

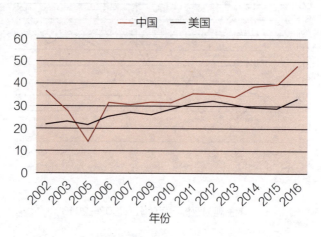

d)害怕创业失败的百分比(2002—2016)

图 1-4 中美创业者对创业活动主观认知上的区别(续)

注:数据来源于 Global Entrepreneurship Monitor(GEM), http://www.gemconsortium.org/data。

总结图 1-4,我们可以得到如表 1-3 所示的结论。

表 1-3 中美创业者创业认知的差异

	中国	美国
自我感知的创业机会	低	高
自我感知的创业能力	低	高
创业意图	高	低
害怕创业失败比例	高	低

2. 从创业活动的客观指标来分析

图1-5是中美两国创业活动的客观指标的对比。图1-5a是早期创业活动（三年半以内）比例的对比，2001—2016中，除了2012年和2016年外，中国的早期创业活动要比美国多；图1-5b是成熟企业活动（三年半以上）的对比可以看到，总体来说，中国的成熟企业活动多于美国，但是2015—2016美国成熟企业活动要多于中国；图1-5c雇员参与创业的比例的对比，虽然只有三年的数据，但是很明显，美国雇员参与创业的比例显著高于中国。

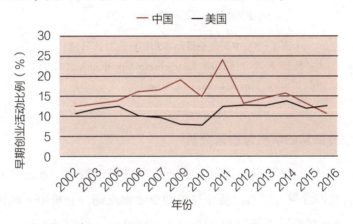

a）早期创业活动（三年半以内）比例的对比（2001—2016）

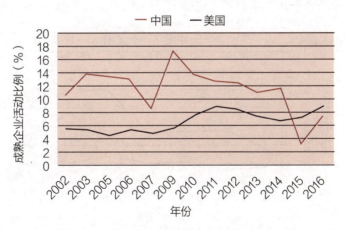

b）成熟企业活动（三年半以上）比例的对比（2002—2016）

图1-5 中美创业活动客观指标的对比

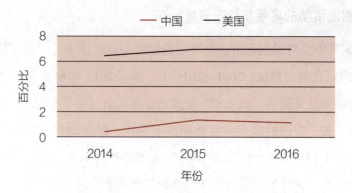

c）雇员参与创业比例的对比（2014—2016）

图1-5 中美创业活动客观指标的对比（续）

注：数据来源于 Global Entrepreneurship Monitor（GEM），http：//www.gemconsortium.org/data。

3. 从创业活动的动机差别来分析

创业动机可以分为**成就导向型创业**和**生存导向性创业**。通过对数据的比较（图1-6），我们发现美国的成就导向型创业比例更高。分析中美两国女性男性创业比和中美成就导向女性男性创业比，可以发现，中国的女性创业比例比较高，但美国女性成就导向型创业比例高于中国。

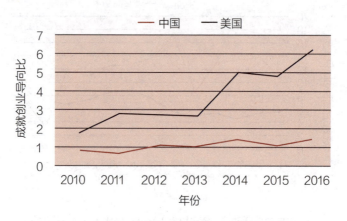

a）成就导向创业比对比（2010—2016）

图1-6 中美创业活动的动机差别

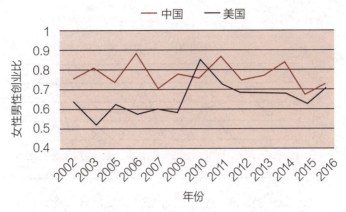

b）女性男性创业比对比(2002—2016)

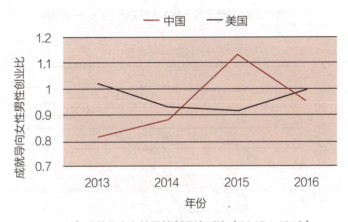

c）成就导向女性男性创业比对比（2013—1016）

图1-6 中美创业活动的动机差别（续）

注：数据来源于 Global Entrepreneurship Monitor（GEM），http://www.gemconsortium.org/data。

4. 从创业活动的影响来分析，即创业活动创造的社会价值和经济价值的分析

图1-7是中美创业活动的影响的比较。图1-7a是新创企业预计能够达到6人以上就业的比例的对比，大部分时候美国创业者预期能够创造的就业价值更高。图1-7b是对中美新创企业创新程度的对比，很明显，美国新创企业的创新程度要明显高于中国，但是中国新创企业的创新程度也在逐年递增中。图1-7c是两国商业服务类行业的比例的对比，从图中也可以看到，美国商业服务类行业的创业活动所占比例也要显著高于中国。总体而言，更多的美国创业者期待创造更多的就业机会，更多的美国创业者认为他们的产品和服务的创新程度较高，更多的美国创业者从事商业服务类行业的创业活动。

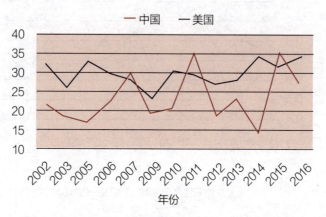

a）新创企业预期6人以上就业的百分比（2002—2016）

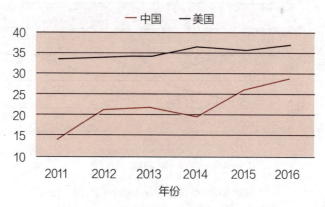

b）新创企业创新程度（创新百分比2011—2016）

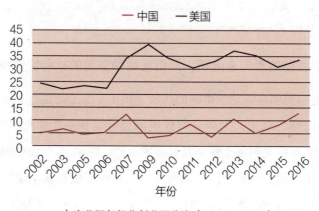

c）商业服务行业创业百分比（2002—2016）

图1-7 中美创业活动的影响的比较

注：数据来源于 Global Entrepreneurship Monitor（GEM），http：//www.gemconsortium.org/data。

5. 从社会对创业的态度来分析

图1-8a是对成功创业家社会地位的态度的对比,从图中可以看到,在大部分的年份里,中国人认为成功的创业家社会地位较高。图1-8b是认为创业是好职业的比例对比,从图中可以看出,中国人认为创业是一个好职业的比例显著大于美国,即中国人普遍认为成功的创业家社会地位高,创业也是一份好职业。

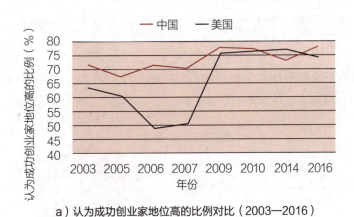

a)认为成功创业家地位高的比例对比(2003—2016)

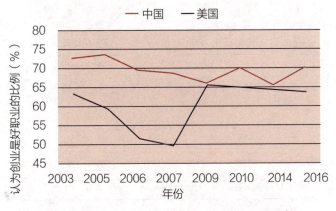

b)认为创业是好职业的比例对比(2003—2016)

图1-8 社会对创业活动的态度对比

注:数据来源于Global Entrepreneurship Monitor (GEM), http://www.gemconsortium.org/data。

总之,中国创业者相对美国创业者而言,优势有:

①创业意愿和创业活动程度高;

②女性参与创业比例较高;

③创业社会地位认同程度高。

劣势有：

①自我感知的创业机会和创业能力较低；

②成就型创业比例较低；

③较少集中于商业服务业领域。

中美两国在创业行业上也有着一些不同。如图1-9所示，可以看到在中国，"B to C"是热点，基本上人们的衣食住行成了创业的着力点，例如ofo、滴滴等。中国的"to C"体量远超于美国，而在美国，"to C"和"to B"都是热点。国内投资人以及投资金额更倾向于投资"to C"创业者，而"to B"、"to C"在美国，投资人基本上同等对待。

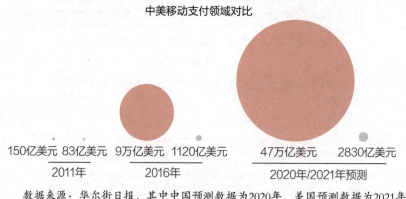

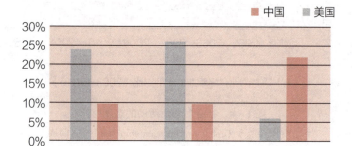

图1-9 中美创业行业的不同㊀

㊀ 引自《硅谷顶尖VC唯一华人入驻企业家：用数据颠覆你的投资观》。

1.3.2 创业的生态环境局面

创业的第二个支撑点是创业的生态环境，《全球创业观察》（GEM）调查将创业的生态环境分为金融资源、政府支持和政策、税收和行政管理、政府对中小企业的支持项目、学校基础创业教育和培训、职业创业教育和培训、研发商业化程度、商业和职业基础设施、内部市场活力、内部市场开放程度、硬件和服务基础设施、文化和社会习俗等12个方面。

从如图1-10所示的雷达图中可以看到，在文化和社会习俗、学校基础创业教育和培训、商业和职业基础设施、内部市场开放程度这四个方面，美国优于中国；而在政府支持和政策、税收和行政管理、内部市场活力这些方面，中国优于美国。

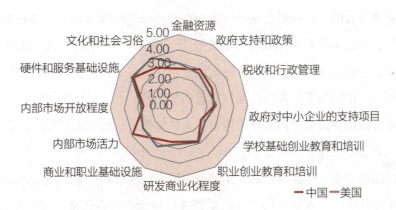

图1-10 中美创业的生态环境比较（2007—2016）

注：数据来源于Global Entrepreneurship Monitor（GEM），
http://www.gemconsortium.org/data。

相对美国而言，中国创业生态环境的优势在于中国政府对于创业的支持更多，税收和行政管理对于中小企业更有利，内部市场活力较高。最近的"大众创新、万众创业"也的确激发了中国人创业的热情。然而中国的社会文化对于创业活动的支持较低，金融资源较少、商业和职业基础设施较弱，内部市场开放程度不够，特别是学校基础创业教育和培训不足。这里的创业教育主要是指中小学生的创业教育。

通过以上中美创业者和创业生态环境的比较，我们可以总结出如表1-4所示的内容。

表1-4 中美创业者和创业生态环境比较

	中国创业者相对美国创业者而言	中美创业生态环境比较
优势	1. 整体创业意愿和活动程度较高 2. 女性参与创业比例高 3. 社会对创业认同高	1. 创业政策扶持多 2. 行政管理对于中小企业有利 3. 内部市场有活力
劣势	1. 自我感知创业机会少，能力低 2. 创业者自信心不足，害怕失败 3. 创新程度和成就导向创业比例较低 4. 在商业服务业的创业比例较低	1. 中国社会文化对创业支持度较低 2. 金融资源较少 3. 商业和职业基础设施较弱 4. 学校基础创业教育和培训不足 5. 内部市场开放程度不够

中美创业者的不同和创业生态环境的差异造成了两国创业方式和成长路径的不同。从创业的类型来看，美国企业的创业（以硅谷的创业为例），既有商业模式的创新，也有技术的创新。而中国的创业企业更多的是商业模式的创新。商业模式的创新与中国当下的市场状况有着密切的关系。

商业模式创新适应中国的原因包括：人口基数大，城市人口密度高，劳动力成本低，需求变化快。

中国出现的商业模式的创新大多基于中国市场需求而产生，例如外卖、快递等。这种依赖于中国本地市场环境的创新特点是没有竞争优势，很容易被模仿，需要大量的资本来推动，以此做大规模，形成网络效应和壁垒，否则很可能被BAT（百度、阿里巴巴和腾讯）收购，生命周期短（参考专栏1-2）。

美国的创业更多体现在技术的创新上，产品开发周期长，优点是壁垒较高，只要找准了用户群体，就能形成长期市场垄断。

对于中国创业者而言，接下来应该从商业模式的创新转向技术的创新，特别是对于大学生创业者而言，更应该从技术创新的角度入手。对于已经创业的人而言，可以将前期商业模式创新积累的资本迅速转向技术创新，从而形成长期发展的优势。

商业模式创新和技术创新两类创业模式给企业带来的命运有很大的不同。现在互联网创业最典型的商业模式创新是移动APP，特点就是门槛低、易模仿，最后会造成恶性竞争，生存率不高。大学生应该鼓起勇气，增强自信，多参与技术型创新活动。

专栏1-2

中美创新创业方式和成长路径的比较

截至2017年9月25日，全球独角兽企业㊀达到267家，分布于22个国家，总估值达到9208亿美元。中美两国是独角兽企业主要诞生地，独角兽企业数量之和在全球占比超过80%。

美国拥有的互联网独角兽企业数量最多，占全球总数的46.4%，广泛布于22个行业领域。其中，互联网软件领域独角兽企业数量最多，约占其独角兽企业总数的25%。从分布领域看，美国独角兽企业在电子商务、娱乐、硬件、安全等领域分布较为均衡，安全、数据分析、金融科技、纳米技术等领域独角兽企业更为美国独有，技术创新型企业较多，体现了美国互联网技术创新驱动的主要特征。

中国独角兽企业数量仅次于美国，占全球总数的33.7%，分布于17个行业领域。其中，电子商务领域独角兽企业数量最多，约占国内独角兽企业总数的18.9%，而软件领域独角兽企业数量较少，仅有5家。中国拥有全球最大的互联网用户规模优势，以用户市场需求为导向，注重产品和模式创新，技术创新型企业相对较少，因此在软件开发、数据分析、安全等技术门槛较高的领域，中国还没有出现一家独角兽企业。㊁2017全球前十名独角兽企业如表1-5所示。

表1-5 2017全球前十名独角兽企业㊂

排名	公司名称	估值/亿美元	国家	行业
1	Uber	680	美国	汽车交通
2	蚂蚁金服	600	中国	金融

㊀ 独角兽企业一般指投资界对于10亿美元以上估值，并且创办时间相对较短的企业的称谓。
㊁ 人民邮电报社，《中美互联网产业创新发展图景各异》。
㊂ CBInsights，"2017全球独角兽公司榜单"。

(续)

排名	公司名称	估值/亿美元	国家	行业
3	滴滴出行	500	中国	汽车交通
4	小米	460	中国	智能硬件
5	Airbnb	310	美国	旅游
6	SpaceX	210	美国	航空航天
7	Palantir	200	美国	企业服务
8	WeWork	200	美国	企业服务
9	陆金所	185	中国	金融
10	美团	180	中国	本地生活

可以看到，中国的创业大多是商业模式的创新。第一，这种创新创业的方式对本地环境的依赖性较强。中国的人口密度大、劳动力成本比较低，同时处在需求不断增长、快速迭代的过程中，因此商业模式创新为主的企业在这样的环境中能够更好地生存。而在人口密度较小、劳动力成本高的地区，像美团外卖这样的创业企业就很难生存下去，所以商业模式的创新在中国拥有先天的生存土壤。第二，商业模式的创新进入壁垒低，易于模仿，例如在《绝地求生》这款游戏火爆之后，出现了很多模仿《绝地求生》游戏中"大逃杀"思路与玩法的游戏。因为容易被模仿，所以凡是商业模式创新，都非常强调速度，试图抢占先机。因此，商业模式创新的企业生命周期都相对较短、发展比较快。第三，商业模式创新的不确定性较低，通过不断地迭代，可以把创业过程中的风险降低。药品研发是技术创新，全球最大制药商辉瑞公司由于研发成本高昂且疗效较差，将不再尝试研发治疗阿尔茨海默症和帕金森症的新药。而在商业模式创新中，这种情况很少发生，因为在迭代过程中可以不断纠错，事先在商业计划书中也会有一定的推断，不至于一下子就失败了。第四，资本对商业模式创新的推动往往能够有效地缩短它的周期，资本可以通过增加人手、增强宣传等手段来推动商业模式创新企业的快速发展。

结合以上商业模式创新的特征，我们发现，在中国的土壤下，商业模式创新企业想要取得成功的第一要诀是快，快速发展的目的是为了谋求短期垄断。在快速发展过程中可能很难获得利润，但当企业形成短期垄断地位之后，就有获取高额利润的可能。"快"也是一种在发展速度和当期利润之间做出的一种权衡，如果一味求快，就不能获得利润，所以到某一阶段公司需要形成垄断，形成垄断后就可以获得垄断性的利润来补贴之前为了快速抢占市场而做出的资本投入。商业模式创新的企业本地情境依赖特别高，很难做到国际化，因此这样的企业大多都会采用"本地渗透+相关多元"的做法。本地渗透就是从一二线城市发展到三四线城市，从城市到乡村。当一个产品做到本地渗透之后，就要采用相关多元的做法，就是在原来产品的基础上，做一些相关的产品，但是依然留在中国本土市场上。

技术创新恰恰相反。在特征方面，首先，技术创新不是本地环境依赖，而是国际化依赖，一个新的技术在全世界都适用，并不依赖于本地的独特土壤。第二，技术创新的进入壁垒比较高，研发周期长、不确定性高都是进入壁垒高的原因。尤其在一些行业中，专利保护、国家规定、法律制度规定都是企业进入的壁垒。技术创新强调企业发展的路径，一旦选错了技术方向，很有可能血本无归，因此技术创新的不确定性也较高。最后，技术创新强调的是研发助力，研发团队、长期投入、专利积累都是研发助力所需要的，同时技术创新企业的研发的周期较长。这与商业模式的创新形成了鲜明的对比。

凡事都有正反两面。技术创新这条路相比于商业模式创新更为艰辛，但是技术创新成功之后，企业会活得比较好，能够比较长时间地享受较高的利润率。这恰恰是因为技术创新在前期已经迈过了较高的进入壁垒，同时高壁垒也阻挡了竞争对手。所以技术创新强调"准"，需要找准技术路线，需要谋求长期的竞争优势，而不是短期垄断（见图1-11）。技术创新的企业再发展起来之后，可以在单一的产品上做专业化，而这个专业化的产品先天就拥有全球化的特征，能够走遍全世界的市场。例如中国的大疆无人机可以销售至世界各地，占据了全球民用小型无人机约七成的市场份额。正是因为商业模式创新和技术创新之间存在的巨大差异，导致了以商业模式创新为主的中国在2018年春中美贸易摩擦时，以技术创新为主的美国采用停止供应芯片的手段来制裁"中兴通讯"等中国企业，使得这些企业的发展遇到巨大的困难。

```
┌─────────────────────────────────────────────────────────┐
│          中美创新创业方式和成长路径的比较                │
│  ┌──────────────────────┐  ┌──────────────────────┐    │
│  │    商业模式创新      │  │     技术创新         │    │
│  │ ▶ 特征               │  │ ▶ 特征               │    │
│  │  ① 本地环境依赖      │  │  ① 国际化依赖        │    │
│  │    (共享单车、大众点评)│  │    (特斯拉)          │    │
│  │  ② 进入壁垒低        │  │  ② 进入壁垒高        │    │
│  │  ③ 强调速度          │  │  ③ 强调路径          │    │
│  │  ④ 不确定性低        │  │  ④ 不确定性高        │    │
│  │  ⑤ 资本助力下周期短  │  │  ⑤ 研发助力下周期长  │    │
│  │         ⇩            │  │         ⇩            │    │
│  │ ▶ 策略               │  │ ▶ 策略               │    │
│  │  ① 快                │  │  ① 准                │    │
│  │  ② 谋求短期垄断      │  │  ② 谋求长期竞争优势  │    │
│  │  ③ 本地渗透+相关多元 │  │  ③ 专业化+全球化     │    │
│  └──────────────────────┘  └──────────────────────┘    │
└─────────────────────────────────────────────────────────┘
```

图 1-11　中美创新创业方式和成长路径的比较

专栏 1-3

中国盛行微创新

在 2010 年的互联网大会论坛上，奇虎 360 董事长周鸿祎提出了"微创新"的概念，这种微创新强调用户体验驱动的应用创新。一经被提出，它便得到了学者、企业家等的高度关注，同时，越来越多的、具有颠覆性的微创新成功案例不断涌现。中央经济工作会议强调要推动大众创业、万众创新，这也将为微创新提供更大发展舞台。

创新工场董事长李开复认为，微创新不是大规模的、颠覆式的、革命性的，却是在很多关键技术之上提供更加灵活实际、更多方面的产品开发或者服务思路。我们认为，微创新是依托开放的平台和环境，面向市场需求、专注客户体验，以个体或组织的自发创新为主导，以技术、产品、服务、商业模式等方面的局部持续改进为手段，不断赢得市场认可的渐进式创新方式。与传统创新相比，微创新具有如下几个特点：

㊀ 资料来源：《微创新　大作为》，科技日报，2015 年 1 月 6 日。

一是创新主体"名望微"。例如奇虎360、小米等,开始都是名不见经传的小企业、创业者或者是位于生产或服务一线的员工。二是创新投入微少。微创新都是对现有技术的改进或集成,投入较少,甚至是零成本投入。三是以市场需求为牵引。微创新是以消费者为中心,充分发挥消费者在价值创造过程中的作用。四是基于开放平台创新。微创新行为主要不是发生在技术研发中心、工程中心,而是基于开放平台,在与消费者不断互动中出现的技术改进行为。五是创新过程具有渐进性。微创新追寻的是一种单点突破式创新,试图在某一方面打动顾客,不断改进,贴近消费者的内心需求。

思考题

1. 谁是创业者?
2. 创业需要具备哪些要素?
3. 创业者会面临哪些重要的选择?
4. 万达集团创始人兼董事局主席王健林曾在一次公开演讲中提到创业成功的两个要素:"一、北大清大不如胆子大""二、坚持"。你认为这种说法是否正确?为什么?
5. 大学的创业教育能够培养出成功的创业者吗?请说说你的理由。
6. 创业者和经理人的思维方式是相互冲突的吗?请谈谈经理人如何培养创业者思维。
7. 通过对中美两国创业的比较,结合中国创业者的特点和创业生态的特点,从创业机会识别、创业资源获取和创业团队组建三个方面谈谈如何提高创业成功的概率。
8. 你从本节中美创业的比较中获得了哪些对你创业有帮助的启示?
9. 你如何看待中国政府在推动"大众创业,万众创新"方面的努力?

小练习

1. 从你的身边寻找一位创业者,结合本章内容设计一份访谈提纲,听听他/她在创业过程中的感悟和体会,进行录音并在事后将访谈记录整理成文字稿。

2. 自己通过搜索引擎或者视频网站找到并观看阿里巴巴官方纪录片《造梦者》(Dream Maker),并结合纪录片内容思考马云在创建阿里巴巴的过程中体现了典型创业者的哪些行为特点和思维方式。

3. 观察和研究微信更新发展过程中的每次变化,同时也观察和研究美国著名手机即时通信工具 WhatsApp 的更新变化,比较两个通信工具在功能模块设置和使用方式方面的差异。阐述和分析两个工具面临的主要用户群体、市场特点、政府法规等的不同如何导致了两款工具功能设置的不同。

第2章 创业起点

2.1 如何寻找创业机遇?

本节主要内容有:

1. 创业机会的来源和定义;
2. 创业机会的选择和识别;
3. 创业机会的比较与评估;
4. 创业机会陷阱的规避和防范。

李克强总理在 2015 年 10 月 14 日的国务院常务会议上提出:互联网 + 双创 + 中国制造 2025,彼此结合起来进行工业创新,将会催生一场新工业革命。如何看待这种创业机会?大学生们又应该如何识别并把握这种机遇呢?实现自己的梦想又需要怎样的支撑条件呢?

今天所有重大的新产品和新产业均来源于工业革命。第一次工业革命起源于 18 世纪 60 年代的英国,即蒸汽机革命,两个重要的创新标志是 1785 年瓦特发明的蒸汽机,以及 1814 年史蒂芬孙发明的蒸汽机车(如图 2-1 所示),机器代替了手工劳动,使得分工越来越细化,带来了生产力极大的提升,一种新型高效的生产组织形式——"工厂"开始出现。

图 2-1 在 18 世纪引发工业革命发生的蒸汽机车

英国工业革命爆发时，中国正处于康乾盛世，中国的农业进入了历史上最辉煌的时期，自信的满清皇族认为当时西方建立在力学、数学、化学和天文等学科上的科技是奇技淫巧，这是当时闭关锁国的中国真实的写照。中国失去了参与第一次工业革命的重大机遇。鸦片战争后不久，第二次工业革命爆发。西门子发明了发电机，电力开始成为补充和替代蒸汽机的新动力能源，迎来了第二次重大的产业机遇。西方进入电气时代之后，中国仍处于农耕时期。其实，那个时期的中国，早已与电结缘。1688年西方传教士马卡连来华，曾在《中国札记》上写道："中国有些建筑物的屋顶上有一种叫做龙的装饰物，它头部仰向天空，张着嘴。这些怪物向上伸出的舌头是根尖端的金属芯子，另一端和埋在地下的金属相接，能让雷电跑到地面去而不伤害建筑物"，这就是最早的避雷针。但是，以电的发现为载体，伏特、法拉第、麦克斯韦等提出电场与磁场理论，西方源源不断地发明出了"电话""电灯""电池""发电机"等重大创新产品。第二次工业革命让美国、德国、英国、法国、日本、俄国等国家抓住了历史性的发展机遇，迈向了工业化新时代。特别要提到的是日本，明治维新大获成功，1868年明治天皇建立新政府，通过政治改革建立了君主立宪政体；通过"殖产兴业"，学习欧美先进技术，进行工业化改造；提倡"文明开化"，社会生活去亚欧化，实施全民义务教育等。这次改革使日本成为亚洲第一个走上工业化道路的国家，逐渐跻身于世界强国之列，成为日本历史上的重要转折点。而当时的中国清朝政府却纠结于工业革命对天朝国家传统习惯的冲击和颠覆，使得中国一再失去历史性发展机遇。这一状况一直延续到新中国成立。第三次工业革命发生于20世纪四五十年代，主要是战后军事工业的大发展以及军转民的应用，在原子能、电子计算机、微电子技术、航天技术，分子生物学和遗传工程等领域都取得了重大突破。工业革命发生以来的另一项伟大的发现是英国科学家弗莱明在1928年发现的青霉素，弗莱明将其命名为"盘尼西林"。这是人类首次发现的抗生素，也直接对人类包括生物医药在内的大健康产业产生了极大的影响和推动作用。在此机遇下，这个时期也产生了无数卓越的现代大型企业。

2.1.1 工业革命是最大的创业机会来源

从图2-2来看,不同时期,不同阶段,在不同领域都诞生了相应的行业领航企业。第三次工业革命有两大趋势。一是科学和技术结合越来越紧密,学科越来越多,分工越来越细,研究越来越深。二是学科之间联系越来越密切,相互联系渗透的程度越来越深,科学研究朝着综合性的方向发展。在这个演化过程中,随着促进创新创业制度体系的不断完善,特别是美国不断出台促进中小企业发展的各项制度,鼓励军转民不断成果化,也催生了现代风险投资机制和硅谷的创业型经济。特别是以半导体和电子为核心的硅谷创业型经济(如图2-3所示),极大地激发了企业家创业精神,各类车库创业、咖啡吧创业、图书馆创业等,层出不穷,标志着一个新时期创新产业生态的崛起。今天所谓的"美国梦"代表的更多的是新产业的崛起和企业家创业精神的塑造,而这个时期诞生出的无数创业英雄,成为全世界创业者的楷模和世界新科技集群的代名词。

产业	20世纪80年代的明星企业	2001年的明星企业
航空业	泛美航空	西北航空
汽车制造业	通用汽车	戴姆勒—克莱斯勒
广播传媒业	CBS	CNN
照相机	Bell & Howell	美能达
计算机	IBM	戴尔
胶卷	柯达	富士
普通零售业	西尔斯	沃尔玛
信息接入	地方公共图书馆	美国在线
邮递	美国邮政	联邦快递
报纸	《纽约时报》	《今日美国》
证券经纪业	美林证券	嘉信理财
钢铁制造业	美国钢铁(USX)	努克钢铁

图2-2 美国各大行业不同时期的明星企业

"硅谷经济"

图 2-3 车库中创业成功的苹果公司是创业英雄的典范

中国步入世界创新创业之林,应该始自 1949 年中华人民共和国成立之后的社会主义现代化建设。尽管中间有许多波折,但是,中国工业基本上融入到了第三次工业革命的浪潮之中,并取得巨大的成就。中国不仅在原子能、电子计算机、航空航天、分子生物学和遗传工程等领域有着令人瞩目的成绩,而且构建了一个完整的工业化体系,这为中国走向制造大国奠定了良好的基础。

党的十一届三中全会开启了中国全面走向改革开放的进程,"科学技术是第一生产力"成为共识。今日中国从要素驱动的阶段开始走向了创新驱动战略道路,更多具有代表性的中国卓越互联网企业开始走向全世界。面向新的阶段,李克强总理提出互联网+双创+中国制造2025,彼此结合起来进行工业创新,将会催生一场"新工业革命"。这种产业融合式创新发展的机遇,也是推动中国供给侧结构性改革,全面走向创新驱动的历史性机遇。中国的青年学生又该如何把握这种重大产业机遇去实现自我价值呢?

专栏 2-1

政府推动创业的利弊之辩[一]

创业创新已经成为当下中国最热的话题之一。"双创"之所以重要,在于其作为经济发展"引擎"的带动作用。正如李克强总理所说,"正是大众的创业创

[一] 新华网评:用创业创新来推动实现中国梦,2015.9.20。

新精神和热情，使我们增强了克服时艰的信心"。（2015年9月10日李克强总理在第九届夏季达沃斯论坛上的特别致辞。）面对中国经济"调速换挡"中出现的下行压力，中国政府除了常规工具箱中的工具外，还多了来自民间的"创能量"。这种"创能量"能更好地调动市场的积极因素，消除体制机制中的弊端和痼疾，从而最大限度地激发个体与市场的活力。

在经济新常态下，要实现中国经济"调速不减势、量增质更优"的目标，不能仅仅依赖大规模投资拉动的模式，而更多需要协调投资和消费，使之达到更高水平的平衡。这就要求有适合不同人群消费特征的新产品、新思路、新模式，通过大量的创业和创新行为，促进经济结构优化。

大众创业、万众创新，带来的最大好处是什么？应该是使一个社会更具有发展活力，更具有社会流动性。如此多的民众能直接参与到创业创新大潮中来，极大地满足了他们自我创造、实现自身价值的追求，让广大创业创新者能够有更大的舞台来发挥聪明才智。

那么，政府鼓励创业一定是件好事吗？

美国凯斯西储大学（Case Western Reserve University）的Scott A. Shane教授对此有不同的观点。他认为各国政府鼓励更多的人去创业是一个糟糕的公共政策，其理由是：初创企业并不一定是创新型的、能够创造就业和财富的。相反的数据表明，典型的创业企业表现糟糕，实际情况是，极少数高增长型企业承担了不成比例的经济和就业促进功能，因此政策制定者应该停止补贴典型的初创企业形成，而要关注于高增长的瞪羚企业[一]。

很多创业企业对经济增长产生了巨大的贡献，如计算机软件领域的SAP、互联网搜索领域的Google以及生物技术领域的Genentech等公司。但是，这些公司并不是典型的创业公司。

新企业要推动更大的经济增长，首先必须要比现有公司具有更高的生产率。但研究表明，企业生产率随着年龄的增长而增加。这意味着，至少在美国，新公司比现有公司的平均资源利用效率更低，而且典型的新兴企业的大多活不过五年。

[一] 瞪羚企业是银行对成长性好，具有跳跃式发展态势的高新技术企业的一种通称。"瞪羚"是一种善于跳跃和奔跑的羚羊，业界通常将高成长中小企业形象地称为"瞪羚企业"。

从长期看，经济增长与典型的新兴企业形成的速度之间并没有正相关关系。相反随着国家越来越富裕，实际工资上涨，创业的机会成本就会提升。同时会改变创造经济价值的领域。从自我雇佣较为普遍的活动，例如农业，转向自我雇佣不那么普遍的活动，例如制造业。所以，反而是在一些经济不发达的国家，创业倾向更高。研究显示，一个国家的GDP中农业所占百分比与其创业水平之间的相关系数为0.66，这是一个相当强的关系。从中长期看，企业形成会随着经济增长而下降。

政府干预鼓励创业的时候，会刺激更多的人开办新公司，但他们会大量进入门槛较低，失败率较高的竞争性行业。那是因为一般的企业家在挑选行业方面缺乏技能，只会选择最容易进入的行业，而不是那些最适合创业的行业。因此，通过为人们创业提供激励措施，鼓励人们创立典型的企业，往往在几年内就倒闭了。

所有创业机会来源均来自创意，一个有吸引力、并且清楚可行的创意点子所形成的创业机会，是所有创业企业成功的基石。人们常说，创意金不换。一个有价值的点子（创意）其出处又从哪里来呢？国际企业联合会曾经有过一个关于创意来源的调查，在调查中可以清晰看到创意究竟来自何处。

"国际企业联合会"的研究结果是：

以往的工作经验　　　　——45%
个人的兴趣与习惯　　　——16%
偶然或模糊的机会　　　——11%
创业管理教育和课程培训　——6%
其他　　　　　　　　　——22%

第一，以往的工作经验占到了所有权重的近一半。这个高比例的数据说明，创业成功很大一部分具有可行性的"金点子"创意来自于创业者的经验，这也说明了当今大学生创业教育的一个最重要的原则：当你在校期间还没有形成足够的创意来源时，应该在创新思维的培养上多去锻炼，常规的路径是先去创新型企业锻炼，通过不断积累经验和积攒资源，寻找到更合适的创意机会。这同时又表明：大学创业教育的一个突出任务是加强高校同学的创新实践训练，其重要的目标是缩短由经验产生的思维和实践能力的差距。大学应该通过实践类课程的设计和实施，通过校企合作、产教融合的方式加快创新体系的建设，加快学生从创意产生到创新实现再到创业落地的速度。

第二，个人的兴趣与习惯占到16%。孔子说："好之者不如善知者，善知者不如乐知者"。学生只有对某些事情产生浓厚兴趣之后才会形成强大的动力，才会去动脑筋，想办法，设计最佳的解决方案。孔子又说："少成若天性，习惯如自然"，即指小时候所养成的良好习惯，和天生的一样牢固。从小培养对新知识和新事物的良好兴趣与学习习惯，是一切创新创业教育的出发点，创意的质量取决于儿时阶段的培养，也决定了创新创业下沉至国民教育的重要性，也突显了高校持续深化创新创业改革的重大意义。如何转变教育观念，提高教学教法艺术，持续培养学生对新生事物良好的兴趣和学习习惯，增加学生创新实践的内容，做到"寓教于乐""以学为乐"，是创业者从创意走向创新最后走向创业，实现从0到1突破的关键。

第三，偶然或模糊的机会占到11%。世界上许多伟大的创意都是在偶然或模糊中实现的。史蒂文·约翰逊曾在《伟大创意的诞生：创新自然史》一书中，深入人类600年重要发明的创新自然史，找寻伟大创意的来源。从达尔文到苹果公司，从万维网到Google，他揭示了当今许多具有突破性的创意都是在不经意的偶然机遇中产生的。

第四，创业管理教育和课程培训占到6%，这是全世界各个国家经由教育启发创意思维的最常规途径。早在1947年，美国哈佛商学院就开设了"新创企业管理"课程。著名的百森商学院于1967年开设了创业课程，1979年建立了创业教育中心。根据所罗门（Solomon）等人关于全美高校本科层次的创业教育课程开设情况的研究结果显示，早在1979年，美国已有127所高校在本科层次开设了创业教育课程，1986年为590所，1999年达到1060所。根据美国Edsurge 2017年度报告，美国在已有的2000多所高校中，大多数都开设了创业课程，各类创业课程使得学生创新思维的训练得到了很大的提升。2017年美国教育科技领域投融资事件就有126起，投融资金额达12亿美元。创业教育的常态化和低龄化特征十分明显。

2.1.2 创意并不一定准确

许多伟大的创意看似精确和宏伟,却未必符合未来的趋势。许多看似不现实的创意在未来大放异彩。更多的创意需要判断并经得起时间的考验,图2-4、图2-5和图2-6是一些著名人士曾经给出的重要创意点,从其精确程度可以发现其中的动态性。

图2-4 创意夸大:"镍铁电池的出现,将会使石油工业消失。"
——Thomas Alva Edison

图2-5 创意不足:"核能实际上是不可获得的,因为原子不可能会自动分裂。"
——阿尔伯特·爱因斯坦

图2-6 创意偏差:"未来计算机在全球市场上的规模只有5台。"
——托马斯·沃森

创业案例2-1

史密斯与联邦快递

史密斯1962年进入耶鲁大学学习经济学和政治科学,期间,他对社会活动非常感兴趣。在校期间他就预见到美国工业革命第三次浪潮将靠计算机、微处理机及电子装备来维系,而这些装备的维修则要靠量少价高的组件和零件及时供应,而有关信件、包裹、存货清单也需要在尽快获得。因此,他判断对于一个运输药品、电子元件等"非常重要、时间紧迫"的货物的公司来说,可能存在市场,创立一种隔夜传递服务公司是十分必要的。当他把自己的创意写成了论文交给老师之后,老师却认为他虽有创意,但不可行,C都没法给他。原因很简单:

一是当时的联邦政府对空运航线的管制非常严格，这将妨碍出台这种服务；另外，已经利用客运航线运送包裹的老牌航空公司直接参与竞争，也会使他这样的服务变得毫无意义；最后，提供这种服务所需要的巨大资金是任何新创企业难以承受的，无法实现"蛇吞象"的目标。但是，最终这个创意还是落地生根了，即今天的联邦快递，而史密斯也成为现代物流业中标志性的人物。这一切的成功，正是因为他在任何艰难险恶的环境面前都表现出了一种不屈不挠的斗志、杰出的领导能力和超凡的智慧。

2.1.3 创业机会

对创意的定义有了深刻的理解，那么来源于创意的创业机会（Entrepreneurial Opportunity）究竟是什么呢？《全英百科全书》对此的定义是："A favorable moment or occasion for doing business"。综合各类定义，从创意落地的过程说角度阐释，良好的创业机会可以定义为"个体遇到的具有盈利潜力的创意项目，其各种资源要素唯一性地聚合在一起的情景"。

如果给出一个创业画布，一个具有创意的项目出现了显著的市场需求，但各种要素尚不完全具备，显示条件不成熟时，画布中显示成功所需要的所有必备要素条件暂时都是红灯。但是经过一段时间，时机开始逐渐成熟，在某一个时点所有红灯要素全都变绿，那么这个时点对于项目来讲就变成了真实的机会。把握机会，迈出"从0到1"的第一步就是创业的关键。对于任何创业的机会来讲都是如此，关键是要把创意和落地紧密关联在一起。

从多维的宏观环境的变化角度来看，包括政治、经济、法律、社会等等维度都有许多的变化因子。这些要素的变化都可能会带来种种创业机会，审视这些因子是重要的机会前提。

图2-7反映了创业机会识别过程中因子的变化，可以看到，外在宏观环境发生改变所产生的机遇和创业家自身特质重叠交叉的部分，正是创业者需要挖掘创意成果的重要来源。

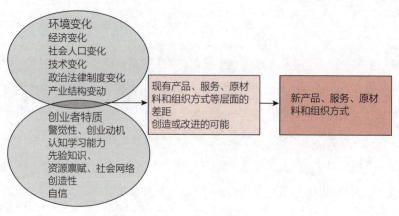

图 2-7 创业机会识别过程图

创业本身是一个识别和把握机会并创造出市场新价值的过程。为了搜寻这种机会，创业家需要贡献出自己的财力、精力、能力以及宝贵的时间，同时要承担相应的财产的、社会的和意志上的风险。

管理大师彼得·德鲁克在《创新与企业家精神》一书中曾经提到过三点重要的内容，对于创业者把握机遇依然有很大的指引作用。德鲁克对于创新机会来源的观点是：

1. 意想不到的事情（The Unexpected）

创业者除了要确认真正的市场顾客之外，还要动态研究这些顾客需求的变化以及竞争对手动态变化的趋势，另外还要关注非顾客是谁、非顾客购买的产品或服务都是什么、购买这些产品或服务的真实价值是什么。这些问题往往可能是市场忽略的，却是创意重要的来源，同时也是创业者需要把握的重要市场机会。

创业案例 2-2

悬挂式红外测温仪

中国广州曾在 2003 年 4 月爆发 SARS 疫情，这使得中国的半导体和电子产品出口大受影响，但同时，预防感冒发热的板蓝根药品、一次性手套、口罩却呈现出脱销的局面，许多非市场顾客出现了。清华大学深圳研究院的团队在短暂的 10 天内就研制成功了"悬挂式红外测温仪"，正式装备在深圳市罗湖口岸。该仪器只需 1 秒即可测量旅客体温，一旦超过 38℃，仪器就将发出信号。经过两天的试运行，准确率达到 90% 以上。悬挂式红外测温仪的使用，有效地防止了非典疫情扩散，也使得团队赚到了第一桶金。

2. 不协调的现象（Incongruities）

不协调也是一种不平衡。德鲁克指出，不协调的经济现状产生的机遇适合小型且资源高度集中的新创企业来实现突破，同时该类型的创新必须简单、显而易见，并有清晰界定的解决方案。

> **创业案例2-3**
>
> **不协调下的机遇**
>
> 美国在线公司（AOL）的创始人史蒂夫·凯斯说，"当互联网的规模在以每天2500%的速度往上跳跃的时候，你能想到什么呢？ 这是一个极不协调的现象，我看到的是满满的正能量和满满的财富，而对于一些人来说这只是一个夸张的数字而已"。 对于创业家来讲，这样不协调的现象往往蕴藏着重大的机遇，中国互联网企业BAT基本上都是经由人口基数大，上网便捷所产生的线上与线下不协调产生的重大发展机遇。

3. 过程需要（Process Need）

德鲁克指出，这类机会往往通过产品的使用者在使用产品或接受服务时发现困扰和缺少的部分表现出来，敏感的业内人士因此意识到某个程序内部存在不协调的部件，对此加以改进并提升产品或服务来吸引消费者。

> **创业案例2-4**
>
> **交通里的机会**
>
> 滴滴打车的创始人程维在看到北京市交通高峰期，人们打不到车，而市面上却又很多闲置车辆的时候，他找到了租车市场的不平衡点。 这之后，随着Uber这样的共享汽车服务诞生，他需要做的就是通过在中国市场引入共享经济的概念，使这样的过程变得流畅即可。 同样，在解决"一公里出行"问题上，ofo小黄车、摩拜单车等优质项目的诞生，显然都是经由交通过程所带来的机会。

任何一个机会的选择和识别都有它一定的规律，不同的阶段、不同的时点、不同的行业都有很大区别。从行业壁垒和企业盈利关系进行行业选择分析，可以得到如图2-8所示的矩阵。

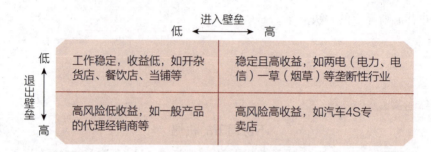

图2-8 行业壁垒矩阵

彼得·德鲁克在《创新与企业家精神》一书中曾经提到重大要素改变中的机会选择：

（1）人口变动。人口变动除了规模以外，质量、结构、性别等差异都在机会选择方面给创业者带来重大差异。特别是中国是一个人口大国，人口变动的影响更为显著。例如，中国创业者需要思考，2015年，中国的计划生育政策发生了松动，推行"全面二胎"政策，而推行"二胎"所产生的增量市场将会给社会带来怎样的机遇呢？中国已经步入老龄化社会，老龄化社会所孕育的创业机会以及未来养老市场究竟在哪个细分领域呢？再有，每年的"双11"等购物狂欢节，都会带来额度巨大的更新，创业者需要思考，今天我们购物手段、方式翻天覆地的变化与人口的变动呈现出怎样的相关呢？对此，我们的细分市场又在哪里呢？

创业案例2-5

糖豆广场舞

2016年11月，广场舞视频网站"糖豆广场舞"获得由IDG资本和祥峰投资跟投的B轮2000万美元投资。算上之前的500万美元A轮投资，现在"糖豆广场舞"已累计获得2500万美元的融资。"糖豆广场舞"的用户人群主要是中老年女性群体,年龄分布在 45~59 岁之间,全国范围内这个群体规模大约有 1.3 亿人[一],其中大部分熟悉智能手机中的微信、App 等基本操作。未来"糖豆"的功能定位是为用户提供美容、理财、旅游等产品,也可能与跨境电商合作,在全球范围内为中老年人优选保健品。"糖豆广场舞"可以打造成未来养老产业明星吗?

(2)观念转变。观念上的变化一般很难查找,因为事实并未改变,只是事实的内涵改变了。许多出乎意料的成功或失败可能意味着观念上的变化,进行观念上的调查常可找出已变化的观念并确定拥有者的数量。观念的转变往往孕育着很大的商机。非洲有很多国家的民众并不穿鞋,他们也没有床垫,都是席地而睡,在这种情况下,做鞋的企业和做床垫的企业能否从中看到商机?

创业案例 2-6

淘金者的牛仔裤

1853 年,去加州淘金的人络绎不绝,当大家都把目标落在黄金上的时候,一位名叫李维·斯特劳斯(Levi Strauss)的犹太人想到了不同的角度。那时候人们在金矿整天的忙碌,裤子很容易破损。斯特劳斯为了处理掉自己的帆布面料,尝试着用这种耐磨的材质做成裤子卖给矿工。结果大受欢迎,裤子被抢购一空。之后他将布料改进成靛蓝色粗斜纹布,并用铜钉加固裤袋和缝口。这种坚固美观的裤子迅速受到顾客的青睐,大批订货纷至沓来。随后斯特劳斯用自己的名字 Levi's 为产品命名。而 Levi's 把目标定在了淘金者的工具上,今天我们所看到牛仔少年形象的诞生也与此有关。

(3)新知识。现在,知识的半衰期缩短,新的知识不断涌现,如果忽略了

一 数据来源于第六次全国人口普查。

新知识，就可能会带来巨大的麻烦。例如 App 的出现就是一个非常重大的机会，当人们已经习惯了下载 App 并将 App 的应用融入自己的生活中时，App 经济学和 App 创业就成了一个新的创业机会。今天，如果我们能够关注到新知识的变化，就能够发现机会早已悄然而至。

> **创业案例2-7**
>
> 微　信
>
> 　　微信 (WeChat)目前已经是国人最常用的社交工具之一，它作为新知识的代表产品，是腾讯公司于 2011 年 1 月 21 日推出的一个为智能终端提供即时通信服务的免费应用程序，由张小龙所带领的腾讯广州研发中心产品团队打造。微信支持跨通信运营商、跨操作系统平台通过网络快速发送免费（需消耗少量网络流量）语音短信、视频、图片和文字，同时，也可以使用通过共享流媒体内容的资料和基于位置的社交插件"摇一摇""漂流瓶""朋友圈""公众平台""语音记事本"等服务插件。微信可以将内容分享给好友，以及将用户看到的精彩内容分享到微信朋友圈。截至 2017 年第二季度来，微信已经覆盖中国 95% 以上的智能手机，合并月活用户数已达 9.63 亿，用户覆盖 200 多个国家、超过 20 种语言。此外，各品牌的微信公众账号总数已经超过 800 万个，移动应用对接数量超过 85000 个，广告收入增至 36.79 亿人民币，微信支付用户则达到了 4 亿左右。

类似微信这样的产品给人们的生活和学习带来的变化是翻天覆地的，同时也能够给我们带来很多启示。例如，创业者需要思考：利用微信的小程序功能可以做哪些生意？国内外电子商务市场的蓬勃发展，会对实体店带来哪些商业模式的变化？中国城市化进程加快会带来那些商机？中国政府致力于"一带一路"建设会给哪些行业、哪些人带来机遇？创新驱动战略目标的实现以及双创的深化所带来的机遇是否离我们很远？军民融合的产业是否离我们很遥远？现代农村发生的变革是否会给农民工返乡创业带来重大机遇？

上述问题的提出都在反复加强和重申一个重要的命题：对创业机会的选择和

识别需要思考哪些问题、从哪些角度去思考。对此，德鲁克也强调：以新知识为基础的革新经常会失败，因为一个领域的突破经常需要其他各领域同时突破，新知识才能发挥其作用。由于新知识要求在技术和社会各领域都与其协调一致，所以一个组织难以成功地引进以新知识为基础的革新。

一个创业机会，必须经过严格、认真的比较和科学的评估，才能确定它是否是一个好的创业机会。那么，一个好的创业机会必须符合怎样的条件呢？

（1）**它必须代表一种渴望的未来状态**。这一点要求创业机会的痛点具有持续性，即在未来相当长的一段时间，人们都会期盼着去享受这个创业成果。

例如，早期的小灵通与3G时代的智能手机就是一个鲜明的对比。对此，华为公司放弃了当时炙手可热的小灵通项目，转而投入巨大的研发力量主攻3G时代的智能化手机。今天的华为能够屹立于世界强林之中，与管理层对创业机会的未来研究密切相关。

（2）**它必须是可以实现的**。这一点要求创业机会的痛点具有现实可操作性。可以想象，在2000年前那个没有App的时代，想要实现"滴滴打车"这样的网络约车是不现实的。今天的智能纯电动汽车也是一样，如果没有石墨烯电池技术的巨大突破，没有电网公司对充电桩的巨大政策支持，即便是有特斯拉汽车的诞生和技术突破，纯电动车形成一个产业都还只是一个遥遥无期的梦想。

（3）**它必须在一个持续放大的机会窗之下**。在短暂的停顿后，机会窗口一般会逐渐打开，伴随的是市场容量增长和竞争者的不断涌入。在这种情况条件下，创业机会就有足够的空间。

创业机会容量也需要进行比较和评估，要注意以下几个方面：

1）市场规模。市场规模可以用两个指标来衡量，第一是成长率；第二是持续时间，成长不能是稍纵即逝的，而是在持续的一段时间里都是能够看到的。

2）产品和服务的**市场渗透率**⊖和占有率。如果渗透率迅速提升，且市场占有率大于20%，则企业机会比较大。

3）创业机会的生命周期以及当前所处的生命周期的阶段。主要是看创业企

⊖ 市场渗透率是指当前产品销售量与市场潜在需求量之间的比值。渗透率越低，表明未来发展前景越好。

业的成本是否具有持续的优势，创业企业离成熟期是否还有相当一段时间的距离。例如小黄车所在的共享单车领域显然已经达到了足够的规模，特别是在一线大城市市场份额已经达到饱和。如果新的行业进入者不能及时占领一线、二线甚至三线城市的市场，并且有效地管理好市场，那么终将被淘汰掉。

行业的市场集中度也是需要我们特别关注的。如图 2-9 所示，一开始进入某个市场时，竞争者是比较多的，但发展到后期，市场份额就可能集中在行业当中少数几个企业。这几个企业可能拥有了整个行业利润的 80%，甚至 90% 以上。创业者们要注意不要进入行业集中度已经很高的区域。

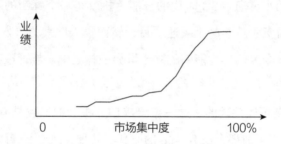

图 2-9　市场集中度与业绩的关系

另外，一个好的创业机会必须符合以下几个**财务特征**：

（1）在最初几年中，销售额可以持续成长，税后利润一般要大于 15%。[一]

（2）顾客需求是重复发生的。

（3）存在学习经验曲线效应[二]，成本持续可控。

（4）最迟三年内企业内部产生的现金流和收益达到盈亏平衡，并可以支持企业的成长。

（5）企业具有战略性价值[三]，容易退出。

[一] 这里的税后利润讨论的是企业理性发展的情况。有些互联网企业早期借助资本"烧钱"快速扩张，但是此时更加需要关注企业当前与未来业务的盈利能力关系，否则钱"烧光"的时候就是企业破产之时。

[二] 这是指随着企业的发展或产能的提升，产品或服务的单位成本将由于学习掌握了新的经验技能而下降。

[三] 战略性价值是指独立于产品或业务之外，在更大范围或更长时间段内可能具有的重要价值，如打车软件本身具有的高频、高价、大众性等特征，就构成了阿里或腾讯开展互联网金融获得客户的"导流"价值。

创业者还必须注意防范以下几点**创业陷阱与风险**：

（1）技术和产品不成熟。

（2）观念偏差，机会转瞬即逝。

（3）机会的力量是一种偶然因素。

（4）进入障碍低，竞争对手既多且强。

（5）投资大，成本高，获利时间长，周转慢。

（6）高技术产业生命周期马上处于裂谷（Chasm）地段。○

创业机会中存在很多的陷阱与风险，对此，我们需要及时进行规避和防范。

2.2 大公司可以创业吗？

本讲主要内容有：

1. 大公司内部创业的背景和定义；
2. 内部创业的界定和内容演化；
3. 大公司内部创业运行机制；
4. 强化核心能力的内部创业案例。

新创企业的成长速度往往会让大公司汗颜。舒尔茨曾经说，"Small is best."大公司船大难调头，小公司船小好调头。如今无数的硅谷新创公司还有中国的一些互联网公司都在崛起，而且这些公司的成长速率惊人，成为"独角兽"企业。而在战后相当长的一段时间，美国128公路地区的企业成长速率不及硅谷企业。

在这种情况下，我们的问题是：常青企业的长寿之道是什么？大公司如何取

○ 这是指一项技术从早期的研发到市场应用中间出现的一个有巨大风险的阶段，参见杰佛里·摩尔所著的《跨越鸿沟》一书。

得与小企业一样的竞争力？不断增长的竞争压力，对大公司提出了巨大的挑战。而世界500强的企业每隔若干年都会换排行榜的位置，那么这些企业如何持续发展呢？

随着技术的日新月异和经济全球化趋势的深入，当今企业面临的竞争环境越来越激烈复杂，同时也对企业创新速度和方式提出新的要求。然而，大公司日益庞大的官僚结构体制所带来的迟钝、懒散、缓慢和巨额浪费等诸多"大企业病"却抑制了其创新和开拓市场新机会的步伐。同时，迅速发展的创新型小企业利用市场环境巨变的时机，迅速"侵蚀"着大公司的市场份额和利润。这种内外环境迫使企业必须具备快速的市场反应能力并体现战略灵活性。

与此同时，世界范围内，经济结构发生了巨大的改变。西方企业所说的可持续竞争优势（Sustainable Competitive Advantage）在哪里呢？如何才能够在纷繁复杂的竞争中不被淘汰呢？特别是对于今天的中国而言，"大众创业，万众创新"已成为全社会各方面共同关注的问题和口号，新创企业发展迅速。而这些互联网企业和互联网金融对银行业、保险业、传统的实体店都造成了强大的冲击和挑战。难道创业精神仅仅是小公司的专利吗？显然不是，**大公司依然可以通过内部创业来取得小公司一样的灵活性，进而提升自己的核心竞争力**。许许多多的企业通过内部创业的机制，走出了低谷，获得了跟小企业一样的绩效，令人欣慰。

公司核心竞争力的培养一般存在三种有效方法：

（1）基于愿景的能力演化法，要求公司当家人对于未来愿景有着准确的判断。例如乔布斯曾提出未来每一个男人、女人、孩子和老人都应该拥有一台属于他们自己的终端机。

（2）基于内部创业的能力孕育法，要求发挥企业家的功能进而应对未来发展机遇的到来，同时对未来趋势有准确的判断。

（3）基于购并的外部扩张法。对于理想的目标对象和客户进行深入细致的分析，从公司成长战略的角度对其进行并购和整合。

（4）显然，内部创业战略的逻辑内涵是激发公司内企业家的活力，并使得这个群体能够成为集体决策与行动的代名词。目前，在产品创新方面，世界500强中名列前100位的大公司中在20世纪末就已有65%采用了内部创业机制。国际上,内部创业已经被理论界和商界看作是大型企业克服内部僵化的一种良药。探索内部创业成长的机理对于全面理解创业活动、完善创业的内涵有着重要的指导意义。

创业案例 2-8

3M 公司的小小报事贴

3M 公司的报事贴(如图 2-10 所示)人人都在用,小小的报事贴给我们的办公带来了很大的便利。3M 公司是美国的一个老牌军工企业,在砂纸、胶纸、黏合剂制作方面世界领先。在第二次世界大战之后,开始军转民品,也开始在公司里推行内部创业的机制。3M 的内部创业机制相当成功,公司每年都有近 30% 的新产品来自于内部创业。报事贴就是公司内部创业的结果。公司的工程师发现传统胶水黏合会产生很多污渍,因此他们思考能不能发明一种随意黏贴的物品来代替胶水,于是报事贴产生。公司里很快就支持了这个项目,并且在公司形成了一个研发团队,经过一段时间后开发出来的新产品,可以凭借 3M 的销售系统及分销体系在公司的销售平台上来进行推广和销售。报事贴的销售大获成功,时至今日,3M 公司的报事贴如同他们的其他产品一样,在全世界家喻户晓。

图 2-10 3M 公司的小小报事贴

3M 公司是通过内部创业提升核心竞争力的重要典范,对于我们探讨什么是内部创业有着重要意义。那么,中国的企业应该如何通过内部创业去提升自己的核心竞争力呢?

1983 年,丹尼尔·米勒在一篇文章中把**创业导向**(Entrepreneurial Orientation)归纳为三点:**创新性**(Innovationness)、**先动性**(Proactiveness)、**冒险性**(Risk-taking)。这三种要素对于小企业来讲,很容易实现,但对大企业来讲,却困难重重,许多大企业做大之后不思进取,反而成为创新的阻碍者,为此陷入"创新两难"的窘境。大企业如何将这三点要素嵌入公司发展过程中,是一个值得研究的课题。

1985年Pinchot首次提出**内部创业**（Intrapreneurship）的概念。内部创业当中的核心理论就是通过大企业引入"内企业家"精神,来改变传统的创新模式。任荣伟教授在《内部创业的战略》一书中对此也有新定义,即:现存组织为了能够有效地实现自己的战略目标,提升自己的核心竞争力,在得到组织的授权允诺之后,在组织保障之下,所形成的内部创业的行动。该行动不仅包括调动资源、开拓产品,更重要的是这种机制能够让更多的企业经理人变为内企业家。

带领通用电气公司走出经营泥沼的韦尔奇曾经说过一段非常著名的话:通用电气公司之所以能够实现重新繁荣,是因为他贯彻了一种逻辑,那就是将公司由一个经理人的俱乐部打造成为一个内企业家的俱乐部。

从图2-11可以看出,创业的逻辑分为公司创业的逻辑和个体独立创业的逻辑两种。这里主要讨论公司创业的逻辑。公司创业的逻辑就是内部创业,无论是在公司内成立新项目小组,还是在公司外成立合资企业、风险投资公司都归于大公司内部创业的逻辑。

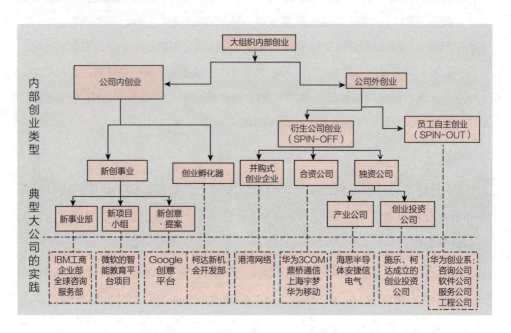

图2-11　创业层次与结构内容的族谱图

总体来说，内部创业存在以下几种形式：

1. 在公司内成立新事业部

这是指公司为追寻机会和新市场而发起的创业活动。这类创业活动在内容上具有综合性，涉及范围是局部的。这是许多大公司开发新事业领域的重要途径，是已建大公司最典型的创业形式。通过成立新事业部，来对新的市场或者业务进行开展，从而挖掘其潜在的价值，为公司创造新的利润增长点。例如，IBM 1995年在中国成立工商企业部（GMB），把目标客户指向工业产值占全国工业产值60%的中小企业；2002年在中国成立企业咨询服务部（GBS），为客户提供业务转型和行业专家咨询服务，并通过整合、快速、创新的业务解决方案实现客户价值。

2. 在公司内设立新项目组

这种类型是指采用项目的方式，以任务为导向，按照公司战略规划和部署，从技术和理念等方面对公司现有业务进行创新和改进。以项目小组的形式开展新业务，一般具有以下几个特点：首先，它要服务于公司的整体战略构想，与现有业务具有比较紧密的相关性；其次，它有一个明确界定的目标——一个预期的产品或成果；第三，项目的资金投入全部由公司承担，而且项目过程中需要公司各部门的协作，并利用公司各种资源；第四，应有具体的时间计划和成本预算。与传统方式相比较，项目小组的形式更加有利于调集管理资源，协调各部门的力量，集中开发新业务。荷兰壳牌石油公司为了推动内部创业，激发员工的创业激情，在1996年成立了"规则改变者"专门小组，拨款2000万美元提供给思想开放的员工，授权他们去尝试打破惯例、改变规则的商务新思路，实施内部创业，结果壳牌公司获得巨大成功。

3. 在公司内鼓励和实施新创意提案

这是指当内部员工感觉自己的创意很有发展潜力的时候，就可以向公司的中层经理或高层管理者进行推荐，由他们去选择和决定公司是否支持这项活动。美国3M公司明确规定，员工可以在不必事先征得主管同意的情况下使用15%的工作时间和公司资源从事与创业有关的活动。对于正在实施的创业活动,企业管理层应给予其充分的行动和政策自主权,并指定高层领导与其保持联系,随时调配企业内部资源,帮助其排除创业过程中的内部阻力。Google 也是一个极力推崇员工创新的公司。Google 的工程师可以将自己创新的点子放在内部的网络交流平台上,所有的人都可以对这些点子做出评价。工程师可以利用自己 20% 的时间将这些点子落实为具体的产品。Google 公司每年都会有高达 1000 万美元的创业大奖,奖励那些对 Google 未来发展有重大意义的产品和项目。

由于新事业部、新项目小组和新创意提案都是发生在公司内部,且都是公司为追寻市场机会或者产品创新而设立的单元,故我们把这三类合并为"新创事业"。

4. 组织内专设创业孵化器

这是指通过提供一系列新创企业发展所需的管理支持和资源网络,帮助和促进其成长的创业运作形式。孵化器通过提供场地和设施、培训和咨询、融资和市场推广等方面的支持,降低新创企业的创业风险和创业成本,提高成功率。公司通过独立的孵化器来开展新业务,主要目的是引入创新和创业的思维,为未来发展做战略业务储备。进入孵化器的新业务都是以独立的新创实体的形式出现的。公司在利用自身丰富的管理经验和市场运作经验为新创事业提供支持的同时,也时刻在用战略的眼光审视被孵企业,选择符合自己战略发展的企业或团队作为未来的业务整合对象。1983 年,柯达公司成立了新机会开发部(New Opportunity Development,NOD)。NOD 主要是帮助内创业家把头脑中的创业构想转变成创业实践,为创业构想的开发和探索工作提供组织支持。NOD 扮演的就是创业孵化器的角色。

5. 员工裂变式自主创业

这是指组织通过正式渠道派出本单位人员或自行离职人员移转至成立的新公司。这种激励方式不仅可以满足员工的创业欲望,同时也能激发企业内部活力,改善内部分配机制,是一种员工和企业双赢的管理制度。松下是鼓励员工独立创业的典范。松下公司规定,对于内部员工创建的企业,本人出资比例可以在

30%以下，在以后的时间里如果公司发展顺利，员工可以通过股票上市或从松下公司回购股份，扩大持股比例。而且，一旦创业成功，员工还可以从松下公司获得特别奖金。实际上，员工内部创业企业通常会和原公司保持某种业务上的联系。例如在华为，员工创办的新企业或者成为华为公司的销售商，或者成为工程代理商或服务代理商，也可能成为华为公司的原材料（一般是元器件）供应商。这样，华为作为内部创业企业的合作方仍具有很强的控制力。上述几家企业成为华为的合作方，为其非核心业务提供外包，从而使华为可以集中力量从事核心业务的经营。

6. 并购外部创新型企业

并购能够迅速扩大企业规模，节省开拓市场、培养人才的时间，形成生产、技术、资金、管理等方面的协同效应，还能减缓公司间的竞争。2000年，李一男依靠从华为得到的1000多万元设备、100余名顶尖的研发和销售人员创办港湾网络。港湾网络创办第一年的全部销售业绩，都来自华为的产品分销和支持。但是港湾网络逐步走到了华为的对立面，不再是华为的"内部"公司，变成其直接竞争对手：港湾网络转型为与华为相似的电信设备生产商，并开始树立自己的品牌。2006年，华为出价17亿元人民币收购港湾网络宽带产品线的全部资产、人员、业务以及相关的全部知识产权，从而获得了港湾网络在数据通信产品方面的优势技术。

7. 围绕新机会成立合资公司

所谓合资公司（Joint Venture），是指由两个或多个企业或个人共同投资、共同参加经营管理共同承担事业共享盈利的具有法人资格的公司。2003年起，华为公司开始通过与国际通信业巨头合资的方式建立衍生企业，从而发展新业务领域或新区域市场。这方面最重要的尝试是与3COM公司合资创办的华为3COM，与西门子合资创办的鼎桥通信，还有与NEC及松下公司合作创立的上海宇梦通信。通过合资，华为的市场占有率、渠道管理和分销能力得到了提高。

8. 围绕新机会成立独资公司

公司成立的独资公司分为两种类型：一是成立产业公司。通过新企业所具有的高效率的企业组织体系,促进创新产品商业化。例如,公司的某项创新产品相对于原有产品而言,或需要完全不同的技术基础与生产设备,或适用于完全不同的消费者群体,以至于原有的生产经营与市场销售模式已经不能适应创新产品商业化的要求,而要在原有的企业组织体系内实现营销模式的创新又必然面临低效率的问题。在此情况下,通过创建一家附属的新企业,并通过派遣一支新的创业型管理团队,去构建新的经营与销售模式便成为最佳选择。

我们依然以华为为例。华为从事实业产业的独资衍生企业主要有两家:海思半导体有限公司及安捷信电气有限公司。这一战略的目的是将与主业无关的产业剥离,让华为更集中于核心领域。海思半导体有限公司成立于2004年10月,前身是创建于1991年的华为集成电路设计中心。作为从华为技术公司分离出来、现属于华为投资控股的全资子公司,深圳市安捷信电气有限公司以生产通信设备外围配件为主,专业从事移动通信射频产品、配线设备、工程配套等产品的研发、生产和销售。公司在配套华为主设备和解决方案的基础上,已成长为国内的主要通信配套设备集成商之一。二是成立创业投资公司,其运作方式与专业的创业投资公司相似。与专业的创业投资公司相比,公司内创业投资具有比较显著的协同优势。公司内创业投资既可以利用母公司的筹资功能,还可以依靠其丰富的管理经验、销售渠道、品牌优势等,为初创企业提供增值服务。而公司则通过投资与其战略高度相关的新创企业,也达到了增强自身竞争能力、增加财务回报的目的。美国的施乐公司就是成功地运用公司内创业投资模式的典范。公司在十年间投资了18个新创企业,其中有6个新创企业的发展对公司业务增长具有很强的吸引力,最终施乐公司通过并购的方式将其全部整合到了公司的核心业务中。施乐通过创业投资的模式投入的1200万美元的资金,在十年内为其带来了超过2亿美元的回报。

由于并购式创业企业、合资公司和独资公司都是发生在母公司边界以外,且都是以一个实体公司的形式存在,故我们把这三类合并为"衍生公司创业"。

内企业家是构筑大公司内部创业的重要逻辑,这种逻辑体现在它采用了大公司内部创业的风险投资机制。这种风险投资机制能够确保企业家根据内外环境的变化来推陈出新。

运行机制是否明确很大程度上决定了内部创业的风险投资能否成功。运行机制是否明确的判断：

① 决策机制；

② 项目选择与评估机制；

③ 人力资源管理及组织再设计机制；

④ 风险控制机制；

⑤ 激励与约束机制；

⑥ 退出机制。

如果能够在以上六大机制中形成良好的内部风险投资的运行体系，那么大公司内部创业的行动计划就比较容易实现。

当然，内部创业也有可能失败，案例表明很多企业内部创业失败是因为内部创业出来的产品无法与公司的主核心产品相融合，无法与企业主核心产品相契合来增强企业的核心竞争力。这种内部创业的产品只能作为盈利点售出。

专栏 2-2

腾讯 QQ

20 世纪，ICQ 面世，马化腾看到后通过模仿 ICQ 推出了中国的 OICQ，即我们现在所广泛使用的 QQ，马化腾也一举成为影响中国即时通信软件行业的人物。如今，腾讯推出微信之后，我们的日常生活已经离不开它。微信其实也不是腾讯首创的。在苹果公司创造出 App 产业之后，如何开发 App 便成为全世界互联网创业者追逐的想法。加拿大滑铁卢大学刚刚毕业的 23 岁小伙子 Ted 在看到这样的机会之后，就在他的祖父 25000 美金的资金支持下，在学校科技园开始创业。当时他看好的产品就是基于手机熟人圈通讯录的即时通信软件 Kik Messenger。这款软件于 2010 年开发，很快上线，上线 15 天下载量达到了 100 万人，引来了全世界的关注，并引发行业的大量模仿，产生了 Whatsapp、Line 等很多类似的即时通信软件。

中国也不例外，最早模仿 Kik Messenger 开发出来的是小米手机上的产品"米聊"，但是雷军只让小米手机用户使用这款产品。很快，腾讯公司的内企业家张小龙捕捉到了这个机会。张小龙毕业于华中科技大学，第一次自主创业创办 foxmail，以此名扬行业内外，后来公司被腾讯并购。张小龙负责开发腾讯 QQ 邮箱，超大附件的传送是他对腾讯公司的最大贡献。2010 年，张小龙看到了微信在未来市场上的潜力，他给马化腾写了一封信，希望公司能够通过内部创业的机制开发微信这款 App。很快这一建议得到了马化腾的支持，腾讯分别在广州、深圳总部和成都三个地方同时开发这款新产品，很快产品开发成功。

2011 年 1 月份，微信正式上线，三个月用户量突破 5000 万。到如今，微信的用户已经突破了 9 亿，成为老百姓生活中必不可少的产品，也深深影响了我们生活的方方面面。在不到两年的时间里，微信在资本市场上的估值已经达到了 640 亿美元，更使腾讯公司的股价在香港市场上连续翻番。

像这样的企业通过内部创业机制提升公司核心竞争力的例子不在少数。2002 年，华为通过内部创业的战略一举横扫竞争对手，也为它后来成为通信终端设备领域的领头羊奠定了良好的战略基础。

总结以上内容，可以看到，大公司一样可以通过内部创业机制去提升企业核心竞争力。大公司有自己良好的平台和资源配置条件，对于我国这些已经建立的公司，包括国有企业，能够在下一轮的经济改革和发展中，在通过有效的内部创业机制，提升创新的质量；尤其是能够在国家创新驱动战略的驱使下，通过带动广大中小企业共同创新创业，共同面向新的未来竞争。

2.3 创业的主要类型和区别是什么?

本节主要内容有:

1. 创业的主要类型;
2. 不同类型创业活动之间的区别;
3. 各类创业活动的共性。

随着国内外创业活动愈加频繁,创业活动的类型也呈现出多样化的趋势。了解创业类型、比较不同类型的创业活动之间有什么区别,有助于我们更好地理解创业活动。本节内容是为了让读者掌握创业的分类,了解不同类型创业的主要特点和要求。只有掌握好创业的分类,我们才能有的放矢,提高创业成功的概率,降低创业的成本。

从当前研究和实践的角度来看,创业的基本分类五花八门,但总体来看,创业的分类基本围绕着谁在创业、如何创业、创业目标这三个基本问题展开。通过对这三个基本问题的探讨,可以识别出很多类型的创业活动,也可以组合出许多创业的类型。

1. 关于谁在创业

(1) 从创业动机的角度考虑,根据创业动机的不同,全球创业观察将创业分为生存型创业和机会型创业。

生存型创业是指创业者除了创业外,别无其他更好的选择,因此不得不参与创业活动以解决一些生存问题的形态。例如部分大学生因为暂时找不到工作而进行的自主创业,就是一种生存型创业。

机会型创业是指创业活动出于抓住现有机会并实现价值的强烈愿望而进行的创业。创业者是因为创业有更好的机会,才选择创业,而不是被迫创业。例如李彦宏创建百度是因为他看到中国互联网以及中文搜索引擎服务的巨大发展潜力。

值得注意的是有些创业者的创业动机是多元的，混合的。有些创业既是为了生存，也是为了抓住商业机会，因此这些创业既是生存型创业，又是机会型创业。

（2）根据创业者的性别或群体特征进行分类。

女性创业：女性社会地位改善之后，更多的女性走进了工作场所，从事创业活动。女性在从事创业活动时有很多特点。例如女性创业者在管理方式上更加注重培养和员工之间的感情，与人相处的过程中，有更多的温暖和同情心等。但是女性创业者也可能遭受一些隐性的性别歧视，例如在兼顾家庭和工作的过程中会遇到更多的挑战。关于女性创业的更多特点，将会在第五章做详细探讨。

创业案例 2-9

乐蜂网

李静是著名的电视节目主持人，同时也是乐蜂网创始人。李静在 2000 年开始了她的主持生涯，凭借着多年的主持经验，她洞察到了很多商机。2008 年 8 月，她创办了亿万中国女性优质生活的首选入口——乐蜂网。

其实女性创业不仅可以在一些像化妆品等快速消费行业，也可以在互联网行业大展身手。

创业案例 2-10

女性创业——摩拜单车

摩拜单车的案例也属于女性创业。2004 年，摩拜单车的创始人胡玮玮从浙江大学毕业之后，便进入了《每日经济新闻》经济部成为一名汽车记者，后来又去了《新京报》《极客公园》做科技报道。在洞察到共享单车的商机后，她与很多专家探讨，并在 2014 年成立摩拜单车项目。2015 年 1 月，摩拜科技公司正式成立，并拥有了自己的自行车制造工厂。

以创业者的群体特征作为分类依据，还有一类非常特殊的创业类型，就是弱势群体创业。弱势群体创业是政府非常关心的创业类型，这类创业的主体是那些生活在社会边缘状态的个体，而且这些活动往往都是非正规的。弱势群体的创业一般可以表现为农民创业、移民创业和少数民族创业等。这些创业活动大多都有"资源稀缺""合理但未必合法"的特点。这类弱势群体创业需要解决的关键问题是：如何利用手头仅有的资源进行重组，解决问题并发现新的商机，突破原有的资源限制。另外一个关键问题是：如何实现从"合理不合法"向"合理也合法"的转变。

（3）以创业经验为依据分类，可以将创业分为首次创业和连续创业。

首次创业是指创业者第一次进行创业。创业者之前没有相关的创业经验，他们一般是企业的创始人、继承人或购买人。大部分的大学生创业者都是首次创业，他们是创业新手。

连续创业是创业者在创办最初企业之后，继承、建立或购买了另外一家企业。连续创业者是创业老手，他们拥有更加丰富的创业经验。

创业案例2-11

连续创业者季琦和埃隆·马斯克

从1999年开始的10年内，季琦相继创办了携程旅行网、如家连锁酒店和汉庭连锁酒店，三家企业均在纳斯达克成功上市。季琦也被称为中国最成功的连续创业者之一。国外也有很多连续创业的案例，例如非常著名的埃隆·马斯克，从1995年开始，先后创办了在线内容出版软件"Zip2"、电子支付"X.com"、国际贸易支付工具"PayPal"。2002年，他还创办了美国太空探索技术公司，出任首席执行官兼首席技术官。2004年，他出任特斯拉汽车董事长。2006年，他与合伙人联合创办了光伏发电企业太阳城公司。

首次创业者和连续创业者都各自面临一些关键挑战。首次创业者初生牛犊不怕虎，普遍存在过度自信的问题。因此首次创业者应当尽量避免盲目和自负。连

续创业者多数有丰富的创业经验，但容易用老的办法去解决新的问题，往往导致裹足不前，陷入经验的陷阱中。

（4）公司创业。个体创业主要是指不依托于某一特定组织而开展创业活动。而公司创业主要是指由已有组织发起的、创造、更新和创新活动，例如一些公司的新产品开发项目等。微信、手游"王者荣耀"就是腾讯公司大量公司创业活动的代表作。

很多公司都有非常频繁的公司创业活动，虽然在创业的本质上，公司创业和一般的创业都有很多共同点，但是由于起始的资源禀赋、组织形态、战略目标等方面的不同，公司创业和个体创业在风险承担、成果收获、创业环境等各方面存在很大差异。尽管公司创业活动通常能够得到公司资源的支持，但是公司内部的规则、程序、政治往往会影响公司创业活动。

（5）衍生创业。衍生创业与公司创业有一定的相关性，它也与创业者现有的组织有关。

衍生创业是指在现有组织中工作的个体或团队，脱离所服务的组织，凭借在过去工作中积累的经验和资源，独立开展创业活动的创业行为。从华为公司出来的创业者在市场上表现非常活跃，汇川技术、鼎汉技术等优秀的企业犹如一支支编外军团日益崛起。凡是从已有组织中产生的企业，都可以称为衍生企业。

2. 关于如何创业

随着互联网的普及，很多创业活动会将互联网因素考虑在内，思考创业是采取线上、线下、还是线上线下结合的方式进行。

互联网创业：互联网创业是指利用互联网作为平台进行创业的行为。互联网创业主要有资产轻、入手易和成长快的特点，因此引发了很多创业者的兴趣。

互联网创业必须要关注两个关键问题：

第一，如何做好自身内容。"内容为王"是互联网市场的核心规则之一，做好自身的内容是互联网创业能够成功的关键。

第二，如何解决传播的问题。口碑效应在互联网普及的背景下极具张力，能够促进互联网创业企业快速成长。

创业类型和选择的创业方式息息相关，通常创业的方式包括模仿和创新。

模仿是指对率先创新者的创新思路或成果的模仿与学习，通过引进或者破译率先创新者的研发成果，从而实现进一步推进和改善的创业方式。创新主要依靠企业自身能力，进行自主研发，突破现有规则和模式。创业者在创新和模仿两者之间选择，形成模仿型创业和创新型创业两类创业类型。

创业案例 2-12

模仿型创业和创新型创业

模仿型创业在传统行业和新兴行业都存在。以共享单车为例，在摩拜单车获得成功的背景下，各类模仿型共享单车层出不穷，甚至用光了颜色，出现了"彩虹色"和"土豪金"的共享单车。此外，借助共享单车的势头，共享汽车等概念也如雨后春笋般纷纷冒头。这一类创业都属于模仿型创业。

致力于创新型创业的典型代表是埃隆·马斯克，他是 PayPal、SpaceX、Tesla 三家公司的创始人，他打造了世界上最大的网络支付平台，完成了私人公司发射火箭的壮举，也创造出了全世界最好的电动汽车。他的创业企业通过自身的创业活动创造了新的市场、新的技术。埃隆·马斯克将其成功归于第一性原理的启发，所谓第一性原理就是回归到事物的本源思考一些基础性的问题，而不是单纯模仿别人所做的事情。这一思想是马斯克从物理学中得到的哲学启发，帮助马斯克多次解决了技术上和商业上的难题。

3. 关于创业目标

大多数创业活动以经济价值作为主要目标，以盈利或盈利的多少作为创业成败的标准。但有一类创业不太一样，他们以社会价值为主要目标，但他们并不是政府机构和一般非营利性组织。

残友集团是一个全部由残疾人自主管理、自我良性发展的现代化社会企业，致力于社会民生与高新产业辅助发展的科技事业。和残友集团类似，以社会价值为主要创业目标的企业称为社会企业，创办社会企业的过程被称为社会创业。

社会创业是指组织、团队或个人在社会使命的驱动下，借助市场的力量解决社会问题或满足某种社会需求而进行的创业活动。这类创业活动追求的是社会价值和经济价值双重目标，最终实现社会问题朝着人们期望的目标改变。

社会创业是20世纪90年代以来，在全球范围内兴起的一种新的创业形式。这一创业形式在公共服务领域被发现，并逐渐超越民间非营利组织的范畴，成长为一种不同于商业创业和非营利性组织的新创业模式，是一种解决社会问题的社会创新模式。

社会创业的发展面临两个关键性挑战，第一，如何实现社会价值和经济价值双重价值目标的平衡？第二，社会企业如何构建自己的"合法性"，得到社会公众以及其他利益相关者的认可和信任？

如图2-12所示，我们主要从谁在创业、如何创业和创业目标三个角度入手，解读目前创业的几种典型分类以及几类创业的关键要点。值得注意的是，各类创业类型并不是相互独立的。例如摩拜单车，既是互联网创业，也是女性创业，还是创新型的创业。并且目前并没有明确的证据证明某一类创业类型比其他类型更容易取得成功或创造更多的价值。创业成功与否、创业产生的经济价值的大小主要取决于创业者、创业团队、创业企业对于机会的识别、评估和开发的有效性。

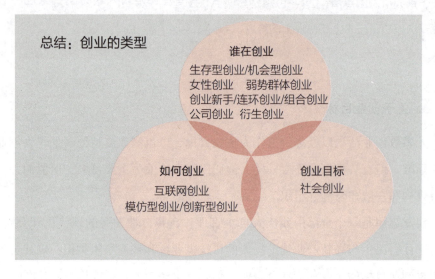

图 2-12 创业的类型

了解创业活动的类型、掌握各类创业活动的特征有助于创业者有针对性地推动创业过程,提高创业成功的概率,降低试错成本。因此,掌握创业活动的特征对于创业实践有非常重要的意义。

我们还应该理解各类创业类型在创业过程中的一些共性,主要有以下三个:

① 如何应对外部环境的快速变化和不确定性;

② 如何迭代、试错并低成本获得关于目标的反馈;

③ 如何解决资源的稀缺并提供有创造力和价值的产品与服务。

2.4　创业失败怎么办?

本节主要研究如何最大化创业失败的价值,主要内容有:

1. 什么是创业失败?
2. 创业失败的主要原因有哪些?
3. 创业失败可能给我们带来什么样的结果?
4. 如何管理创业失败?

和创业失败相关的关键词有很多,例如企业倒闭、企业清算,还有非常有中国特色的企业注销,还包括企业被并购。不过需要注意的是,一些企业的倒闭、破产、清算、注销和被并购可能是创业者主动的退出方式,并不应该被划分为创业失败。

创业失败是指创业者未实现目标或期望,不得不终止经营或退出企业的情形。创业失败简单来看,有两种表现形式,分别是终止经营和产权变更。

福布斯预测,在美国大约有 90% 左右的创业企业最终以失败告终(见图 2-13)。

图 2-13 创业失败率媒体报道（一）

根据研究创业失败的学者统计，如果以盈亏平衡或者是否收回之前的投资作为创业成败的一个标准，大约有 95% 左右的美国创业企业以失败告终（见图 2-14）。

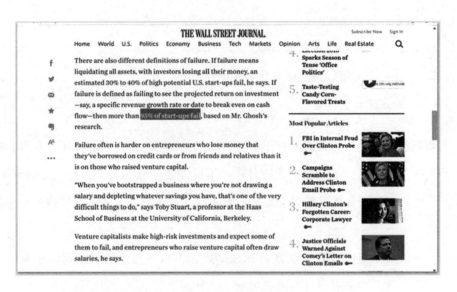

图 2-14 创业失败率媒体报道（二）

从美国劳工局的数据中可以看到美国有六成的创业企业活不过八年（见图 2-15）。

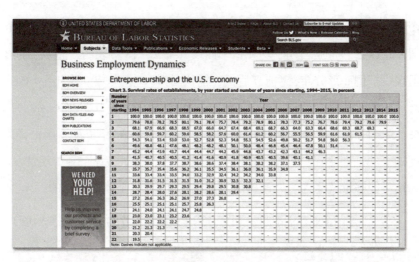

图 2-15 美国创业企业生存时间分布

图 2-16 是来自于中国工商总局的一份报告，内容关于全国企业生存的时间。其中大约七成企业是创业企业，然而能生存 24 年以上的企业不足其中的 1%。很多创业者可以设定一个小目标，例如先活个 25 年，目标达到了，就可以成为全国企业中的那百分之一。

企业生存时间分布（截止到 2012 年年低）

年龄	企业数量/万户	比例	年龄	企业数量/万户	比例
1 年以内	195.91	14.8%	11	43.13	3.3%
2	185.19	14.0%	12	33.95	2.6%
3	153.39	11.6%	13	27.15	2.1%
4	118.29	8.9%	14	21.71	1.6%
5	89.92	6.8%	15	18.16	1.4%
6	82.54	6.2%	16	13.18	1.0%
7	76.66	5.8%	17~19	27.74	2.1%
8	67.84	5.1%	20~24	35.83	2.7%
9	62.47	4.7%	24 年以上	13.67	1.0%
10	55.81	4.2%	总计	1322.54	100.0%

图 2-16 中国创业企业生存时间分布⊖

⊖ 来源：《全国内资企业生存时间分析报告》（2013 年 6 月）。

图2-17是全国企业存活率的曲线图。从图中可以看到，大约有半数的企业能存活8年以上。企业当期平均死亡率曲线（图2-18）表明，企业当期平均死亡率呈现一个倒u形分布，"前高后低，前快后慢"。企业成立当年平均死亡率为1.6%，第四年最高，为9.5%。企业成立后3~7年当期平均死亡率较高（>8%），随后渐趋平稳。企业在其成立之后第3年开始进入"死亡高发期"，一旦度过了"七年之痒"，死亡率则开始下降。企业成立后的3~7年是发展的瓶颈期，是否能够继续生存，乃至健康发展，第3~7年是非常关键的。

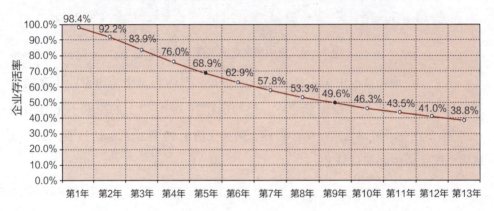

图2-17 全国企业存活率曲线㊀

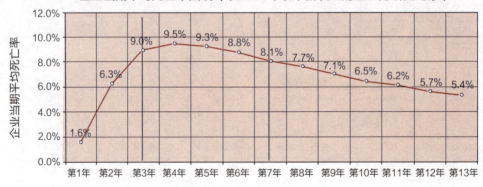

图2-18 企业当期平均死亡率曲线㊁

㊀ 来源：《全国内资企业生存时间分析报告》（2013年6月）。
㊁ 来源：《全国内资企业生存时间分析报告》（2013年6月）。

从图 2-19 中可以看出，我国大约有六成的创业企业在企业成立 5 年之内就退出了市场。

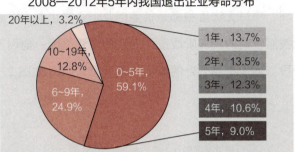

图 2-19　2008—2012 年 5 年内我国退出企业寿命分布㊀

从以上这些不同角度的数据可以看到，无论怎样定义创业失败，大部分的创业企业都是以失败而告终。

图 2-20 来自于 2014 年的全球创业观察报告，这份报告统计了各个大洲创业企业终止的主要原因。尽管企业的终止并不完全等于创业失败，但是我们也可以从中了解到一些创业失败的原因。

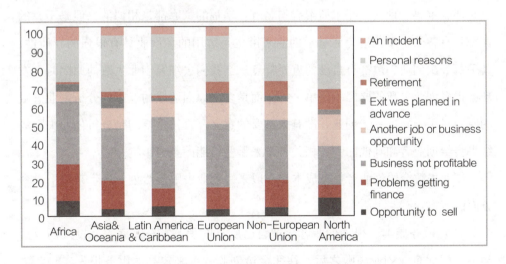

图 2-20　2014 年全球创业观察报告㊁

㊀ 来源：《全国内资企业生存时间分析报告》（2013 年 6 月）。
㊁ 来源：2014 年全球创业观察报告（第 48 页）。

从图中可以看到，在亚洲和大洋洲，大部分创业企业终止的两个重要原因分别为：① 个人原因，例如个人生病或无法从事高压力工作；② 项目无法盈利。不论是在哪个大洲，项目无法盈利都是很多创业企业终止的主要原因。

有两位学者按照企业的发展阶段统计失败的主要原因。他们发现在企业的初创阶段和成长阶段，创业企业失败的原因并不完全一样，如图 2-21 和图 2-22 所示。

图 2-21　初创阶段企业失败的主要原因及比例　　图 2-22　成长阶段企业失败的主要原因及比例

尽管大量的研究都探索了企业创业失败的原因，但是创业失败的原因有时并没有那么重要。列夫·托尔斯泰有句名言：幸福的家庭都是相似的，但是不幸的家庭各有各的不幸。这句话对于创业来讲也是适用的。创业具有很强的异质性，几乎每一次创业失败都有自己的重要特点。当我们去细究创业失败的原因时会发现，很多创业失败的原因不是单一的，而是多个原因造成的。因此分析创业失败的原因对于未来进一步创业并没有太重要的意义，真正重要的是分析创业失败的结果会给创业者和其他的利益相关者带来哪些可能的重要影响。

创业失败会给创业者带来成本。一般来讲创业失败会给创业者带来以下六个方面的成本：

（1）财务成本。很多创业者会把自己所有的积蓄甚至家庭积蓄投入创业活动中，因此企业创业失败之后，往往会给创业者带来较高的财务损失。除此之外，一些创业者为了能够进一步提高企业投资人和银行对于项目的信任，会将个人财富与企业注册资本金绑定，一旦创业失败，就有可能使创业者负债累累。

(2) 情绪成本。很多学者会将创业失败比喻成创业者丧失所爱的过程,因为创业者会将自己的感情、时间投入到企业运营中,一旦创业失败,往往会给创业者带来较高的情绪成本。创业者在创业失败后的很长一段时间内,都会遭受沮丧、愤怒等负面情绪的困扰。

(3) 生理成本。创业失败会给创业者带来生理透支、一夜白发等生理成本。

(4) 专业成本。创业失败会给创业者带来一些专业成本,尤其是对于高科技创业来说这一点非常严重。创业失败之后,创业者会受到很多同行对其专业水平的质疑,导致社会声誉受损。

(5) 社会成本。创业失败这件事往往会给创业者带来名誉上的损失,因此很多创业者会向家人和朋友掩盖创业失败的事实,导致家庭成员和朋友对于创业者的不理解,甚至会造成创业者社会关系的破裂。

(6) 创业成本。创业者在经历创业失败之后,信心受到打击,难以从事再次创业。

以上内容可总结为表 2-1。

表 2-1 创业失败成本类型①

分类	描述
财务成本	个人投资损失、收入损失、个人债务
情绪成本	情绪支出、压力、沮丧
生理成本	精力透支、生病
社会成本	对投资者、雇员、债权人的责任亏欠
专业成本	同行对创业者专业能力的质疑
创业成本	创业自我效能降低、风险承担能力降低

创业失败在给创业者带来成本的同时,也为创业者提供的学习机遇:

(1) 自我学习:了解自己的优势与不足;

(2) 商业学习:重新评估产业环境、创业环境;

(3) 网络与关系学习:更好地处理与利益相关者的关系;

---

① 于晓宇,汪欣悦. 知难而退还是破釜沉舟——转型经济制度环境背景下的创业失败成本研究 [J]. 现代管理科学, 2011 (2): 48.

（4）新企业管理学习：掌握管理企业的方法；

（5）机会学习：发现新的创业机会。

如何管理创业失败？

第一，要对创业失败有所准备。从统计学的角度来看，创业失败是大概率事件，而从生物学的角度来看，失败是许多企业必然的宿命。我们应该有梦想，但是在实现梦想之前，可以为梦想想个好点的"坟墓"。

第二，所有的创业者应该为创业活动设定一个合理的预期。很多的创业新手都会将上市作为自己创业的目标，或者希望自己能够达到像比尔·盖茨、扎克伯格等人的高度。而一旦创业失败，创业者很难从创业失败的负面情绪中恢复。因此创业者应该设定一个合理的预期和目标，比如可以将让创业企业活得更久一些作为创业的一个小目标。

第三，我们必须要认识到创业失败的另外一副"面孔"，创业失败实际上是我们成功道路上的"试错环节"，是探索外部环境不确定性的一种手段。

第四，除了从自己的创业失败经历中学习外，还要善于从他人的创业失败经历里反省。自己创业失败时，高昂的财务成本和负面的情绪成本会使我们很难做出客观全面的判断。他人的创业失败可以让我们理智分析原因，从失败中学习成长。

第五，降低创业失败的成本。Effectuation（手段导向/效果推理）是一种非常重要的创业思维方式。

具有创业成功经验的创业老手在创业过程中会有一些重要的举措：

（1）不断进行小成本实验；

（2）采用弹性策略，在产生不利局面时可以转危为安。

（3）遵循可承担损失的原则，创业老手所有的投入都是他们可以支付的。他们的投入不会超过他们所能承担的，例如他们很少从银行大量贷款，而是从一些小额投资开始。万一失败，他们失败的成本是可控的。

（4）积极建立战略联盟，与大家形成利益共同体，进而降低创业失败的成本。

（5）遵循预先承诺的原则。预先承诺的原则是指创业者先获得客户的订单和供应商的供货，再进行工厂制造。先市场，后工厂。这样也能够降低成本。

（6）能够直面失败。大量研究发现很多的创业企业已经难以为继，但创业者为了减缓负面情绪，会继续向已经没有活力和未来前景的公司或项目继续输血，造成了大量的创业企业死而不僵，继续消耗创业者的资源和财富。因此创业者一旦评估创业企业已经失去前景，就应该直面失败。

（7）设计一些"聪明的"失败。"聪明的"失败一般有以下特征：①它是深思熟虑的结果。一些创业者在创业失败前已经预期创业活动会以失败告终，但他们设计了可能失败的一些局面和结果，在失败之后，能够从失败的结果里得到有效反馈，进而在下一次创业活动中，能更好地推进创业活动进行。②推进创业过程，减少创业损失。当创业者意识到失败来临时，他们会快速推进整个过程来降低成本。③规模适中，成本不高。创业成本过高，创业者很难从失败的阴影里走出来；创业成本过低，创业者则很难从创业失败中进行反省，也很难从创业失败中发现新的机会。

（8）寻找最佳的退路。创业失败之后，企业仍然具有很多资产，例如仪器设备、项目本身的价值等。创业者要给失败的企业寻找最佳的退路，例如将失败的企业变卖给其他大型企业，或寻求并购的机会，进而最大化企业的价值，降低创业者和创业团队的损失。

我们建议创业者和创业团队从失败中学习，尽管从创业失败中学习和反省并不是一件特别容易的事，但是如果没有办法从创业失败中学习，那就大大降低了创业失败的价值。从创业失败中学习包括自我学习、商业的学习、网络的学习、机会的学习等。

创业者很难从创业失败中反省和学习的一个重要原因是创业失败往往会给创业者带来很多负面情绪。帮助管理创业失败所造成的负面情绪的方法有两种，分别是损失导向和恢复导向。损失导向是直面失败，他人可以和创业者聊一聊在整个创业过程中，有哪些决策是正确的，哪些决策是错误的。恢复导向是指不去想创业失败的事情，寻找第二压力源，例如就业、考试等。创业者在创业失败之后，可以循环使用损失导向和恢复导向两种方式，才能更加有效地降低创业失败所导致的负面情绪。

此外，我们建议创业者在创业失败之后，先冷静一段时间。很多研究发现，一些创业者在创业失败之后，非常仓促地开始第二次创业之旅，然而他们第二次创业大都以失败而告终。创业者在创业失败之后，为了证明自己决策的正确性，会仓促地进行价值投资。所以创业者在失败后要先冷静一段时间，尽量避免承诺升级导致的二次伤害。还有一些创业者在失败后，认为自己具备了更加丰富的创业经验，自诩自己是一个创业老手，最终陷入经验的陷阱中，用老办法解决新问题，导致一败再败。

在创业的过程中，创业者也应该分散自己的投资。如果在创业过程发现了其他商机，创业者可以将自己的资金投入其他项目中。创业不是一锤子买卖，创业者要将创业视为一个连续性的活动，通过连续创业或组合创业分散创业风险，避免对单一项目的巨额投入。

其实创业失败只是创业过程中失败的一种，除此之外，还有融资失败、核心人员离职、新产品开发失败等。整个创业过程是一个充满失败和不如意的过程，创业者应该学会和失败相处，才能逐渐成长并迎来最后的成功！

思考题

1. 如何寻找创业机遇？
2. 如何规避和防范创业机会陷阱？
3. 大公司内部创业该如何进行？
4. 中国的企业应该如何通过内部创业去提升自己的核心竞争力？
5. 创业的主要类型有哪些？
6. 创业失败会给创业者带来那些成本？
7. 创业失败能够给创业者带来那些学习机遇？
8. 如何管理创业失败？

第3章
创业过程

3.1 如何构造团队？

本节主要内容有：

1. 创业团队如何选择成员；

2. 优秀创业团队应该具备的素质与条件；

3. 如何打造优秀的创业团队。

创业应该怎样选择团队成员？是依照相似性原则还是互补性原则呢？什么样的团队更适合创业？

团队是指一种为了实现某一目标而相互协作的个体所组成的正式群体。

一般而言团队是由两个或者两个以上的、相互作用、相互依赖的个体，为了特定目标而按照一定规则结合在一起的组织。

团队有五个重要的构成要素（5P）：目标（Purpose）；人员（People）；定位（Place）；权限（Power）；计划（Plan）。

按照现代管理之父彼得·德鲁克的话来说，团队就是平凡的人做不平凡的事。

创业团队是指在创业初期，由一群才能互补、责任共担、愿为共同的创业目标而奋斗，并能做到利益让渡的人所组成的特殊群体。

典型的创业团队有：星状创业团队——由一个核心人物主导；

网状创业团队——没有明显的核心人物，整体结构较为松散；

虚拟星状创业团队——有一个非主导地位的核心成员。

在一个创业团队中，我们需要领导者、技术天才、营销高手、行业资深者等众多角色。因此创业团队需要能力互补、精简明晰、动态开放和利益共享。组建创业团队时，创始人、商业机会、外部资源都是不可或缺的关键因素。

成功创业团队的基本素质：①激情与凝聚力；②建立在信任基础上的团队利

益至上；③共同的价值观和经营原则；④致力于创造企业价值；⑤合理分配股权和公平弹性的利益分配机制；⑥对企业的长期承诺；⑦专业能力的完美搭配；⑧好的团队带头人是成功的一半；⑨脚踏实地，一步一个脚印；⑩不断进取，成为一个学习型组织。

创业案例 3-1

四君子和他们的创业神话

沈南鹏、梁建章、季琦、范敏四人被称为"第一团队"。1999年，他们创立了携程网，2002年，这四人又创立了如家酒店集团。"第一团队"在三年内两次把自己创办的企业推上了纳斯达克。

"第一团队"是一个怎样的组合呢？这个团队中有"技术顶梁柱"梁建章、"投资银行家"沈南鹏、"永不停歇的创业者"季琦和"国营旅游业的老手"范敏。他们虽有同学之谊、朋友之情，但性格爱好迥然不同、经历各异。"携程"和"如家"虽然经历了多次高层人事变更，却从来没有发生过震荡。他们为中国企业树立了高效团队的榜样，通过合作，实现了互利共赢。

他们的创业之路并没有止步于此。如今，除了范敏继续担任携程CEO外，其他三人都开创了新事业。如季琦创办了汉庭酒店，沈南鹏执掌红杉资本。

"第一团队"能够做到这些，一定程度上是因为他们一开始就在商业契约下运作，每个人的利益都得到了保障，而且在团队演变的过程中契约的约束力很强大，他们也都选择了遵守契约。更重要的是，他们都很有远见地选择了不断向前，追求前面更大的成功。从季琦身上可以清楚地看到这一特点。他创办携程后遵照决议让出CEO职位，创办"如家"后再次让出CEO职位，而他自己如今已经进行了7次创业，而且并不止步于此。

可以想象，在创业的过程中，四君子必然会有很多分歧，但他们对此闭口不谈，约定不接受任何采访来谈论四人的合作。"成功的意愿"和"妥协的风度"是对他们合作最好的解读。

"创业墓"创始人张予豪曾说,合伙人情同手足的模样经常在他们面临巨大的诱惑之后土崩瓦解。那么,我们如何通过团队的组建与管理打造一支能够同甘共苦的团队呢?

(1) 需要培育团队精神。团队精神是高绩效团队的灵魂。简单来说,团队精神,就是大局意识、服务意识和协调意识"三识"的综合体。反映团队成员的士气,是团队所有成员价值观与理想信念的基石,是凝聚团队力量、促进团队进步的内在力量、团队精神是团队的基石,那么如何培育团队精神呢?

培育团队精神的方法有:

① 培育共同的企业价值观;

② 激发参与激情;

③ 树立共同的危机和忧患意识;

④ 建立良好的沟通协调机制;

⑤ 建设团队文化。

(2) 要做到责、权、利的统一和明确。俗话说,"亲兄弟,明算账"。权责的明确划分和实现,最终的保障是利益的分配和团队的和谐。毕竟如果初期责权利没有明晰,之后一旦发生纠纷,可能会给创业团队带来不必要的损失,甚至导致团队的解散。要做到责、权、利明确,则需要:

① 技能或背景上互补。如果每个人都有清晰的权力职位,有明确的分工,那么这样完善的制度就可以让大家齐心协力地工作。

② 创业者股权分配合理。各个公司所在行业不同,创始人的特点不同,团队成员结构不同,因此,股权分配需要根据各自不同特点进行分析,如高度集中、适度分散、过度分散等。

③ 建立绩效评估机制。团队内部成员要进行互评,才能走得更远。

④ 报酬合理分配。了解团队成员对于财富的理念,家庭背景等,根据成员的岗位职责,考虑分配时机和分配手段等因素,合理分配报酬,团队才不会因为经济利益分歧而失去格局。

(3) 创业团队的领导者是企业的灵魂人物。企业的文化决定于创业领导者,我们需要一个权威的领导者，带领企业走向成功。而他也需要出色的创业伙伴，这些创业伙伴的创业理念要和他的想法契合。例如雷军倡导"真诚"的创业理念，那么他必定会寻找真诚的创业伙伴。创业团队就像是一个大家庭，而领导者则是这个大家庭的家长。他需要融入情感，真诚地和大家沟通，领导大家，才能让团队携起手来。

3.2 如何设计创业团队股权？

本节主要内容有：

1. 企业治理制度设计和机制设计的重要性；
2. 股权架构设计和股权分配的基本原则；
3. 创业企业最初应该如何设计股权架构。

一般而言，公司治理是指：通过一套包括正式或非正式的、内部的或外部的制度或机制来协调公司与所有利益相关者之间的利益关系，以保证公司决策的科学化，从而最终维护公司各方面利益的一种制度安排。公司治理是公司利益相关者通过一系列的内外部机制实施的共同治理，其核心和目的是保证公司决策科学化（李维安，2009）。

企业治理制度设计和机制安排是创业企业经营管理最为重要的内部微观制度环境基础。好的公司治理是创业企业赖以生存并获得持续成功的最为重要的内部制度和机制保障；糟糕的公司治理则是创业企业表现不佳甚至失败、创始人团队及其他利益相关者矛盾重重甚至分崩离析最为常见、最为重要的根本性原因之一。实际上，从长期来看，企业所面临的最大难题，可能不是商品市场的竞争，而是企业制度的竞争。对于企业而言，制度最为核心的部分则正是企业治理制度安排和机制设计。

创业案例 3-2

制度的力量

第一个故事：合格率的检查制度

二战期间，美国空军降落伞的合格率为 99.9%，这就意味着从概率上来说，每一千个跳伞的士兵中会有一个因为降落伞不合格而丧命。军方要求厂家必须让合格率达到 100% 才行。

厂家负责人说他们竭尽全力了，99.9% 已是极限，除非出现奇迹。军方（也有人说是巴顿将军）就改变了检查制度，每次交货前从降落伞中随机挑出几个，让厂家负责人亲自跳伞检测。结果，奇迹出现了，降落伞的合格率达到了 100%。

第二个故事：付款方式

英国将澳大利亚变成殖民地之后，因为那儿地广人稀，尚未开发，英政府就鼓励国民移民到澳大利亚，可是当时澳大利亚非常落后，没有人愿意去。英国政府就想出一个办法，把罪犯送到澳大利亚去。这样一方面解决了英国本土监狱人满为患的问题，另一方面也解决了澳大利亚的劳动力问题，还有一条，他们以为把坏家伙们都送走，英国就会变得更美好。

英国政府雇用私人船只运送犯人，按照装船的人数付费，多运多赚钱。很快政府发现这样做有很大的弊端，就是罪犯的死亡率非常之高，平均超过了 10%，最严重的一艘船死亡率达到了惊人的 37%。政府官员绞尽脑汁想降低罪犯运输过程中的死亡率，包括派官员上船监督、限制装船数量等等，却都实施不下去。

最后，他们终于找到了一劳永逸的办法，就是将付款方式变换了一下：由根据上船的人数付费改为根据下船的人数付费。船东只有将人活着送达澳大利亚，才能赚到运送费用。

新政策一出炉，罪犯死亡率立竿见影地降到了 1% 左右。后来船东为了提高生存率还在船上配备了医生。

第三个故事：粥的分配制度

七个人住在一起，每天分一大桶粥。但是，粥每天都是不够的。一开始，他们抓阄决定谁来分粥，每天轮一个。于是乎，每周下来，他们只有一天是饱的，就是自己分粥的那一天。后来他们开始推选出一个一致公认道德高尚的人出来分粥。

结果大权独揽，没有制约，就产生了腐败。大家开始挖空心思去讨好他，互相勾结，搞得整个小团体乌烟瘴气。然后大家开始组成三人的分粥委员会及四人的评选委员会，互相攻击扯皮下来，粥吃到嘴里全是凉的。

最后想出来一个方法：轮流分粥，但分粥的人要等其他人都挑完后拿剩下的最后一碗。为了不让自己吃到最少的，每人都尽量分得平均，就算不平均，也只能认了。

大家快快乐乐，和和气气，日子越过越好。

第四个故事：互助与共赢的天堂

有一位行善的基督教徒，去世后向上帝提出一个要求，要求上帝领他去参观地狱和天堂，看看究竟有什么区别。

到了地狱，看到一张巨大的餐桌，摆满丰盛的佳肴。

他心想：地狱生活不错嘛！过一会儿，用餐的时间到了，只见一群骨瘦如柴、奄奄一息的人围坐在香气四溢的肉锅前，只是手持的汤勺把儿太长，尽管他们争着抢着往自己嘴里送肉，可就是吃不到，又馋又急又饿。上帝说，这就是地狱。

他们走进另一个房间，这里跟地狱一般无二，同样飘溢着肉汤的香气，人们同样手里拿着的是特别长的汤勺。

但是，这里的人个个红光满面，精神焕发。

原来他们个个手持特长勺把肉汤喂进对方嘴里。

上帝说，这就是天堂。

同样的人，不同的制度，可以产生不同的文化和氛围以及差距巨大的结果。

这，就是制度的力量！

一个好的制度可以使人的坏念头受到抑制，而坏的制度会让人的好愿望四处碰壁。建立起将结果和个人责任与利益联系到一起的制度，能解决许多社会问题。

从上面的例子当中，我们不难发现制度所蕴含的巨大、持续的力量，作为创业企业，显然需要关注企业治理制度安排和机制设计，以免企业在制度层面先天不足。但是，现实中遗憾的是，创业企业的公司治理问题往往不被创业者重视。

创业企业治理最为重要的部分应该是创业企业的股权架构设计与股权分配。有数据显示（见图3-1），团队内讧是创业失败的前三大诱因之一；而团队内讧，很大程度上是由于创业企业最初的股权架构设计和股权分配不当埋下的恶果。

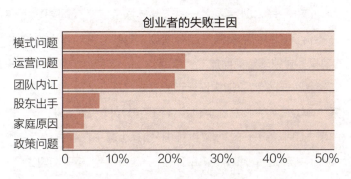

图3-1 创业者的失败主因

注："股东出手"是指非创始人的财务投资股东方，将股权转让给第三方，由此带来经营上的波动。

创业企业的股权架构设计和股权分配事关公司利益格局和利益分配，是创业者和创业企业必须迈过去的"生死劫"。渡不过此劫，意味着创业企业在公司治理制度安排和机制设计层面先天不足，极有可能陷入内斗散伙倒闭的境地，或者暂时成功了却留下诸多不知何时爆发而且可能致命的后遗症。

创业案例3-3

股权分配与创业企业成败

失败的案例

股权架构设计和股权分配失败的案例似乎远超成功的案例。比如"西少爷"的初始股权架构设计和股权分配已经为之后的内斗纷争埋下了伏笔。

西少爷是三个主体合伙人共同成立是一家IT公司。最初，三个小伙子的股权比分别是孟兵40%，罗高景和宋鑫各30%。西少爷转肉夹馍火了以后，涉及融资和投票权，创始人之一的孟兵就说，要融资就要搭一个VIE结构，自己的投票权要放大到三倍,其他人就觉得凭什么你要放大到三倍? 我们按表决权就行了,三人互不相让,于是就僵持。 僵持之后形成了僵局,导致很多决策做不了,新一轮融资也遇到困难,根本原因就是没有一个人能说了算。 假使其中某个人的股权超过50%,那后面的进展都会被改写。

西少爷后续的进展是,创始人之一的宋鑫向法院起诉公司要求行使股东执行权,不过后来撤诉了。 再后来孟兵起诉宋鑫,要求以12万元的价格过户估值2400万元的期权,导致宋鑫愤而成立"新西少爷"与自己曾参与创立的企业直面竞争。 这都是创业一开始股权架构设计和股权分配不合理种下的苦果。

中式快餐"真功夫"的股权纷争也是我们所熟知的失败案例。 "真功夫"刚开始是一家由姐夫和小舅子开的小门店,刚开始是小舅子在经营,后来姐夫姐姐加入。 因为大家都是亲戚,在股权上也不计较,五五开,小舅子和姐夫各一半。

随着"真功夫"的生意日渐红火,每个人的作用、心态等均逐步发生变化。 小舅子潘宇海在这个过程中,解决了中式快餐标准化的问题,于是觉得和姐夫五五开太吃亏,而姐夫蔡达标在市场拓展方面非常厉害,市场布局能力强,所以姐夫觉得标准化有什么了不起、市场拓展才是关键,这种情况下也逐渐觉得五五开吃了亏,就不断排挤小舅子,导致小舅子愤而离职。

在两人相互争斗的过程中,小舅子行使股东知情权,开始查账。 结果查出问题,把姐夫蔡达标送进了监狱,直接导致现在"真功夫"的发展远不如预期。

成功的案例

火锅连锁店海底捞曾经是均等股权架构,张勇夫妇和施永宏夫妇占股各50%,后来引进了融资后,两方各47%左右(如图3-2所示),没有哪一方能说了算。

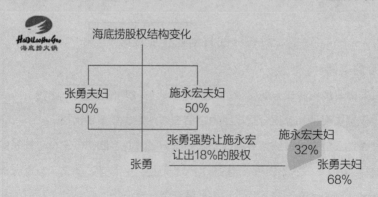

图3-2　海底捞股权架构

> 后来，施永宏向张勇让出了18%的股权，持股65%的张勇非常幸运且成功地进行了股权架构的调整，相当于占有了三分之二以上的股权，实现了对企业的控制权。海底捞在股份内部转让后，资本进入就方便得多，有利于借助资本的力量实现快速发展，同时，公司内部发展也相当健康。

一般而言，创业是一段艰难曲折的旅程。这个过程中，兄弟感情、情怀初心、德行人品都极其重要，但是在极其艰难曲折的创业旅程中，"兄弟感情""情怀初心""德行人品"都有赖于规则清晰合理作为重要保障。

在中国市场，深谙关系并在其中游刃有余者，不乏其人；以"兄弟感情""情怀初心"、"德行人品"为幌子大行"忽悠"之道者，亦不乏其人。创业行为可能起于"关系"，但只能成于"规则"。创业合伙人切实地回归人性的基本面，结合中国的现实情境，基于关系讲规则，可能是最为合理和可持续的企业成长与发展之道。如此，基于公司治理原则的股权架构设计和以激励相容[⊖]为目标的股权分配自然是极其重要的。这是创业过程中基于关系讲规则最为主要的表现形式，是创业企业治理制度安排和机制设计最为重要的环节。

实际上，如果只讲关系不讲规则，那么就很可能"可共患难不可共富贵"。创业之初或后续合伙人加入初期，创始人和其他创业合伙人最有可能开诚布公地友好协商股权架构设计和股权分配问题，即使偶有分歧，也远好过之后剑拔弩张的股权纷争和分崩离析的惨败收场。

不论是创始人还是其他的创业合伙人，任何人说类似于"先好好做事情，等事情做好了再谈股权"这样看起来合理、体贴甚至豪气的话，都非常值得警惕。创始人这样说，很可能意味着强烈的控制欲和占有欲，以及显著的机会主义倾向。创始人要么是不懂人性基本面和公司治理的幼稚无知者，要么是玩弄人性和公司治理机制的投机分子。跟随这样的创始人一起迈上创业之途，要做好可能身

⊖ "激励相容"，是指组织设计的制度能够最小化个体与集体的利益矛盾，实现个体与集体目标高度一致。

心俱疲、一无所获的思想准备。

而如果其他创业合伙人这样说，创始人亦需小心谨慎其可能的机会主义倾向，一旦建立起广泛深入的关系网络，积累足够的筹码，其他创业合伙人将不可避免摊牌，引来对创始人和创业企业不利的股权纷争。当然，其他创业合伙人说类似于"先好好做事情，等事情做好了再谈股权"这样的话，也可能是幼稚无知以及缺乏规则意识。创始人带这样的合伙人一起创业，恐怕以后会比较麻烦。

股权架构设计和股权分配的基本原则

一般而言，股权架构设计和股权分配需要遵循的基本原则如下：

公平原则："不患寡而患不均，不患贫而患不安。"务必坚持并实践公平原则，创业合伙人对创业项目的贡献或潜在贡献与其持股比例显著正相关。

效率原则：股权分配需符合资产专用性原则⊖，股权架构的设计需要充分考虑并有助于提升公司治理效率与经营管理效率。

控制原则：在初始股权架构设计和股权分配及其之后的重大变动中，需要着重考虑创始团队对创业企业的控制权安排及保障。这对于激发、维持创业团队的企业家精神，提升公司治理效率与经营管理效率都相当关键。

资本运作：初创企业的股权架构设计和股权分配要有利于后续的融资和IPO安排，以便借助资本和市场的力量快速发展。

梯次明显：在合伙人股权分配上要有一个明显的梯次，即在避免均等的基础上实现梯次见图3-3、图3-4。比如CEO是老大、CTO是老二，然后依次各种"O"，按照21、13、8、5、3、2、1（斐波那契数列，或称为神奇数列）这种梯次分配。

图3-3 两位创始人的股权分配

⊖ 资产专用性是指用于特定用途后被锁定，很难再作其他用途的资产，若改作他用，则价值会降低，甚至可能变成毫无价值的资产。

```
                    ┌─ 应避免的股权结构：50%：50%（均分），65%：35%（一票
                    │  否决，博弈型），98%：2%（创始人吃独食）
两人合伙公司股权设计关键词 ┤
                    │
                    └─ 比较合理的股权构架：70%：30%，80%：20%（老大清晰，
                       快速决策）
```

图3-4　两人合伙公司股权设计关键词

动态评估：根据创业项目所处的不同阶段不断做评估，因为项目融资阶段不一样，企业的估值也是不一样的，股权需要据此进行动态分配。比如吸纳一个联合创始人、一个非常厉害的CTO，该给多少股份？不考虑股份，按照市场水平仅提供高薪酬是难以有足够吸引力的。这个时候，我们通常建议的期权比例为：种子期，10%~20%；天使轮，5%~10%；A轮，3%~5%；B轮，1%~3%。

创始合伙人的份额分配通常按照以下思路进行：

首先，创业企业的股权架构设计和股权分配要通过创业合伙人内部协商、独立第三方、资本市场等方式给企业估值。其次，创业企业的"老大"很重要。一般而言，创业企业的CEO对公司有更多担当和责任。在前期，企业的发展往往与CEO的能力直接挂钩，同时为了保障决策效率，CEO在创业项目中要尽量拥有多数股权，能够有效控制新创企业（见图3-5、图3-6）。再次，应从资源互补等多方面综合考量其他合伙人。合伙人往往在企业发展过程中各有优势，例如资金、资源、专利、创意、技术、运营和个人品牌等，需要综合、动态地考量。最后，特别注意动态平衡。适时权衡各方面在各个阶段的作用与贡献，设计相应机制实现动态平衡、调整创始团队的股权分配。

```
                    ┌─ 应避免的股权结构：33.3%：33.3%：33.3%（均分），35%：36%：
                    │  29%（过度分散，博弈型），95%：3%：2%（创始人吃独食），40%
                    │  ：40%：20%（三股东绑架大股东和二股东），49%：47%：4%（三
                    │  股东绑架大股东和二股东）
三人合伙公司股权设计关键词 ┤
                    │  比较合理的股权架构：70%：20%：10%，60%：30%：
                    ├─ 10%（老大清晰，快速决策）
                    │
                    └─ 基本的股权设计原则：大股东比>二股东比+三股东比
```

图3-5　三人合伙公司股权设计关键词

```
                                    ┌─────────────────────────────────────────────┐
                                    │ 应避免的股权结构：25%：25%：25%：25%（均分），95%： │
                                    │ 2%：2%：1%（创始人吃独食）                    │
                                    └─────────────────────────────────────────────┘
                                    ┌─────────────────────────────────────────────┐
                                    │ 比较合理的股权构架：1. 70%：20%：5%：5%；       │
                                    │ 2. 67%（创造人）：18%（合伙人）：15%（CEO      │
┌──────────────────────┐            │ 能力极强，绝对控股，快速决策）                 │
│ 三人以上合伙公司股权  │────────────│ 3. 51%（创造人）：34%（合伙人）：15%（老大     │
│ 设计关键词            │            │ 相对控股，合伙人意见一致则有一票否决权）；      │
└──────────────────────┘            │ 4. 34%：51%（合伙人20%：16%：15%）：15%       │
                                    │ （员工股）（创始人具有一票否决权，合伙人股份相   │
                                    │ 加大于创始人，创始人需谨慎考虑合伙人的一致意见   │
                                    └─────────────────────────────────────────────┘
                                    ┌─────────────────────────────────────────────┐
                                    │ 基本的股权设计原则：二股东比+三股东比+四股东比>大股东比> │
                                    │ 二股东比+三股东比                             │
                                    └─────────────────────────────────────────────┘
```

图 3-6　三人以上合伙公司股权设计关键词

对于后续加入、中途加入的合伙人，要注意坚持"先恋爱再结婚"的原则，以便完成真正的了解和磨合。要注意通过法律文件明确至少以下内容：联合创始人的具体待遇；待遇相关条款生效的前提条件；待遇相关条款生效的时间（进行股份绑定安排、股权架构和股权分配动态性）；联合创始人退出的机制安排等。

预留给新合伙人的股权往往非常必要。不是所有团队都能从刚开始的时候就很幸运地找到完整合适的创业团队，中间必然还会有各种各样的联合创始人需要引进。对于在不同融资阶段引进的联合创始人，需要预留10%~20%的股权。随着创业企业不断成长，股权的价值越来越大，给出去容易，拿回来困难异常，因此提前预留极为必要。在考虑股权这个蛋糕怎么切的时候，首先要照顾的是员工份额，留多少才能持续吸引后续的优秀人才加入？这也需要提前规划。

例如，奇虎360拿出了40%的股权作为股权激励池。当然，更为"彻底"而且巧妙的是我们耳熟能详的华为。目前任正非持股1.4%，员工持有公司98.6%的股权，可以享受股利分红与股票增值所带来的收益，但是不能行使表决权，不能出售、拥有股票，即所谓的虚拟股权制度（限制性股权）。员工通过股权激励获得相应的收益权（剩余索取权）并共同承担企业经营风险从而实现激励相容，可以充分激发关键人力资本的潜力。

一般而言，比较合理的股权结构可能是，CEO持股50%~60%，联合创始人加起来不超过30%，预留10%~20%的员工股权池（见图3-7）。

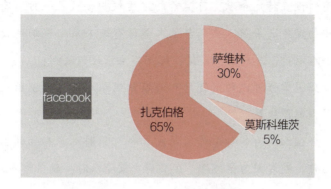

图 3-7 Facebook 的股权结构

股权架构与股权分配的法律设计

尽管不是一个必备的法律文件（在工商注册时会要求提交公司章程），但是股东协议相当关键，旨在创业项目开始时，对游戏规则进行明确化的说明。股东协议的法律价值在于：首先能让大家都遵守游戏规则，其次是确保股权结构的稳定，确保每一个人现有的股权和未来可以兑现的股权是与实际付出相匹配的。

股东协议所涵盖的重要机制包括：

股权兑现机制（股权成熟机制）。有一个双方之间的约定，做一个股权兑现的规定，明确兑现期限和条件。至于具体的兑现模式，可以是按年，例如按四年，每年兑现25%，然后干满两年就兑现两年的；也可以按照融资阶段、项目进展兑现，或者按照企业业绩指标。股权兑现机制的核心是：登记在工商局的股权属于股东，但一定不是一成不变的，需要按照时间和阶段的发展、个人对公司的付出来不断评估兑现。

股权的动态调整机制。除上述股权兑现机制（股权成熟机制）中分阶段兑现股权之外，主要包括：

- 股东主动离职，股份需要退出；
- 股东因自身原因无法履职，例如身体、能力、操守、观念、理念等原因不能履职的，要把股份让出来；
- 股东由于故意和重大过失，在一些重要的岗位做出伤害运营利益的事情，这种情况下会被解职，股权也必须交出；

- 针对离婚设置特定条款，可提前约定股权归合伙人一方所有，即在合伙协议中约定特别条款，要求合伙人与现有或未来配偶约定股权为合伙人一方个人财产，或约定如离婚，配偶不主张任何权利；
- 继承：公司章程可以约定合伙人的有权继承人不可以继承股东资格，只继承股权财产权益；
- 犯罪：合伙人因为各种工作原因或者个人原因犯罪影响到创业企业后续资本运作，或者因为被关押导致公司决策受限时，股份需要退出。

回收股权的协议条款。以下三种情形下，可进行股权的回购。一是中途退出：已兑现的股权由创业合伙人A持有，例如A干满1年，确定给5%，那这5%就是A的，剩下的部分就按照协议里的内容去兑现或者处理；对已兑现的股权启动回购，需要事先约定价格，比如参考不同阶段的融资估值，按照估值的1/10、1/15等来进行回购。二是未兑现的股权：无论未兑现的股权是多少，创始人都可以以法律允许的最低价格回购回来，有时候是一块钱，或者是注册资本的价格完成回购（保证公平，防止有人不劳而获，另外还能分配给新引进的人，激励新加入者）。三是因为过错产生的回购：在有人违反公司的章程、给公司造成损失时，强制回购其股份。

正如前文所言，股权架构设计和股权分配是创业企业治理最为重要的部分，是其他公司治理制度安排和机制设计的基础，不仅牵一发而动全身，而且影响极其深远。同样，基于对人性的考虑，合理的股权架构设计和股权分配不仅要激发创业合伙人的企业家精神，凝结关键人力资本实现激励相容，还要注意监督制衡。

依照中国公司法和公司章程的一般规定，持股超过50%的创始人对公司一般经营事项具有决定权（简单多数通过），但涉及公司重大事项（需要2/3多数通过），必须取得更多的其他合伙人的同意（特别是当其他合伙人联合起来且持股超过1/3时，可以否决创始人的提议）。这样的规则既有利于激发创始人的企业家精神、发挥其经营管理才能、保障公司治理和公司管理效率，又有利于凝聚其他创业合伙人和核心员工所拥有的关键人力资本，实现激励相容，并确保对拥有控制权的创始人进行必要且适度的监督制衡，提升公司战略决策的质量。

此外，需要特别注意的是，一方面，创业企业创始人应该善待早期的创业伙伴，尽早设计科学合理的股权架构，适时、适当地进行最初阶段的股权分配；另一方面，公司作为永续经营的实体，处在不断的发展变化中，不同成长阶段对人力资本量与质的需求均不同。比如，早期创业伙伴，特别是其中成长比较慢的个体，可能越来越不适应公司新的发展阶段，对公司成长的边际贡献越来越低；同时，公司需要不断引入新的合伙人或者核心员工，满足公司发展对于关键人力资本的需求。因此，创业企业股权架构和股权分配显然不能一成不变，需要动态调整，尝试逐步构建动态股权治理平台。

3.3 如何保障创业者的公司控制权？

本节主要内容有：

1. 关键的股权比例；
2. 创业者为保障公司控制权可能采取的措施；
3. 实施股权控制的有效方法。

创业者非常头痛的另外一个问题就是控制权的保障问题。我们可以在财经新闻中看到非常多的关于控制权争斗的报道，其中扑朔迷离、相当富有戏剧性的"宝万之争"是控制权竞争和保障机制设计方面非常吸引人的案例，值得创业者仔细研读。

2015年7月10日，潮汕姚氏兄弟旗下的前海人寿耗资逾80亿元，通过二级市场购入万科A股5.52亿股股份，之后又和一致行动人通过连续举牌，提高持有份额，超过了20年来始终位居万科第一大股东的华润。以王石为代表的管理层团队对新进股东公开表示"不欢迎"，再到双方在融资重组以及董事会重组上的"剑拔弩张"，让管理层团队与股东之间的冲突和矛盾全面暴露在公众面前。

可以看到，面对资本的咄咄逼人，以职业经理人自居却又不甘于此的王石招架乏力。而被网名戏称为"卖菜的"民企老板姚振华，可谓有钱任性，其策略简单直接，就是一路"买买买"。不过，姚老板其实远不止是一个普通的"卖菜的"，他与他的团队在资本市场上长袖善舞，操作颇为惊人。图3-8为姚振华通过相当繁复精妙的手法控制南玻A这家上市公司的股权结构图。这种类型的股权结构是中国资本市场上特别典型的金字塔结构。姚振华先100%控股深圳市宝能投资集团有限公司，这家公司又控制了深圳市钜盛华股份有限公司67.4%的股份，而67%的股权正好可以绝对控制一家公司。同时，钜盛华股份有限公司又控股了前海人寿保险股份有限公司51%的股份。考虑到中国公司的股东大会出席率相当低，因此持股51%实际上已经拥有绝对的话语权了。此外，图中其他公司都与姚振华有着或多或少的关联。所以姚振华通过左、中、右三条线控制了中国南玻集团股份有限公司大约22%的股份。中国上市公司股东大会的出席率往往不足50%，所以控制22%的投票权就已经可以控制一家上市公司了。从图中可以看出，姚振华的资本运作功夫实际上非常高，或者说他身后的团队对于公司治理的理解和运用非常到位，这一点值得创业者深入思考和学习借鉴。

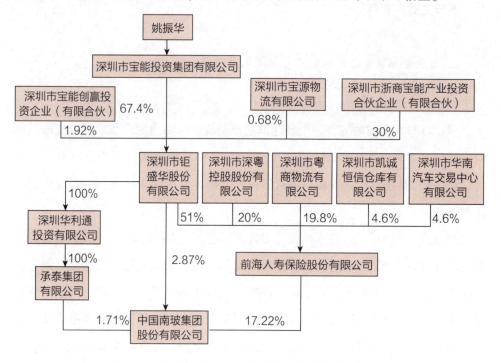

图3-8　南玻公司与第一大股东之间的产权及控制关系

公司控制权的争斗是一个永恒的话题。有时候我们会觉得被自己所创立的公司踢出局十分遗憾，但却又往往不得不面对现实。被全世界创业者和"果粉"（苹果公司产品的粉丝）奉若神明的乔布斯，当年就被自己一手创立的苹果公司踢出了苹果。1985 年 4 月，乔布斯和自己的合伙人约翰·斯卡利吵翻，随后被董事会解除权力。当年乔布斯被踢出自己创立的苹果公司，董事会投票就是最重要的原因，乔布斯当时没有一票否决权。乔布斯 1997 年重新回到苹果公司时，最先做的一件事就是要求解散当时的董事会，并且根据自己的意志重组了董事会，完全将董事会掌握在自己的手中。

创业者和创业团队如何实现对公司的有效控制呢？我们主要依赖的就是公司治理制度安排和治理机制设计。有些创业者的想法非常朴素和原始，他希望股权 100% 掌握在自己手中，通过迟迟不给其他创始人股权的方式保证自己的控制权。创始人这种自利的格局和动机非常值得怀疑，同时这样的做法也相当愚蠢，暴露了创始人对公司治理制度和机制的无知或者漠视。创始人实际上可以采取很多办法来保障自己对于公司控制权。因此，我们接下来主要从股权控制的层面来讨论如何设计创业者或创业团队控制权保障机制。

首先，我们需要明确一些比较关键的股权比例：

- 大于 2/3——绝对控制权，可修改公司章程，决定分立、合并、变更主营项目等重大决策
- 大于 50%——相对控制权
- 大于 1/3——安全控制权，一票否决权
- 30%——上市公司要约收购线
- 20%——重大同业竞争警示线
- 10%——临时会议权，可提出质询、调查、起诉、清算、解散公司
- 5%——重大股权变动警示线
- 3%——临时提案权
- 1%——代位诉讼权，亦称派生诉讼权，可以间接的调查和起诉权（提起监事会或董事会调查）

如上所列，在公司章程、股东协议和投资协议等相关法律文本遵循通常惯例

的情境下，持股 2/3 以上为绝对控股，持股 1/2 以上为相对控制权，持股 1/3 以上拥有一票否决权。

创业案例 3-4

美国操控国际货币基金组织

国际货币基金组织（International Monetary Fund，IMF）是根据 1944 年 7 月在布雷顿森林会议签订的《国际货币基金协定》，于 1945 年 12 月 27 日在华盛顿成立的。与世界银行同时成立，并列为世界两大金融机构之一，其职责是监察货币汇率和各国贸易情况，提供技术和资金协助，确保全球金融制度运作正常。其总部设在华盛顿。

国际货币基金组织的发展历程

1944 年，联合国与联盟国家国际货币金融会议于美国新罕布什尔州的布雷顿森林举行。

1944 年 7 月 22 日，会议上签订了成立国际货币基金协议。国际货币基金的主要设计者是经济学家约翰·梅纳德·凯恩斯（John Maynard Keynes），以及美国副财政部长亨利·迪克特·怀特（Harry Dexter White）。

1945 年 12 月 27 日，协议条款付诸实行。

1946 年 5 月，IMF 正式成立，是第二次世界大战结束后之重建计划的一部分。

1947 年 3 月 1 日，IMF 正式运作。

国际货币基金组织议事的规则

IMF 的议事规则很有特点，执行加权投票表决制。投票权由两部分组成，每个成员国都有 250 票基本投票权，以及根据各国所缴份额所得到的加权投票权。由于基本票数各国一样，因此在实际决策中起决定作用的是加权投票权。加权投票权与各国所缴份额成正比，而份额又是由一国的国民收入总值、经济发展程度、战前国际贸易幅度等多种因素确定的。IMF 的投票权主要掌握在美国、欧盟手中。美国是 IMF 的最大股东，具有 17.69% 的份额，中国仅占 3.996%（2016 年 1 月 27 日，IMF 宣布 IMF2010 年份额和治理改革方案已正式生效，约 6% 的份额

将向有活力的新兴市场和发展中国家转移，中国份额占比因此才得以上升至6.394%）。

IMF的章程规定，所有重大决议需85%以上份额同意，因此，在IMF的重大决策上，美国拥有一票否决权。例如，2010年IMF执行董事会曾通过改革议案，中国的份额有望由3.65%升至6.19%。但是，2013年3月11日，美国国会利用一票否决权否决了这一提案。

很显然，一方面，IMF的组织机构由美国及欧盟控制；另一方面，更为关键的是，国际货币基金组织章程中"重大决议"需85%绝对多数的通过比例规定，如同魔咒一般，使得整个世界的重大经济规则制定，被牢牢地把控在美国人的手中！即使其他全部份额都表示同意，依然只有83%。实际上，只要不符合美国的心愿，依旧被一票否决！这可以解释为什么中国很难顺利地在国际货币基金组织中增加自己的份额。最开始设立IMF的时候，美国方面想必对即将采用的议事规则进行了深入的研究并处心积虑地通过章程的约定取得了一票否决权。现在，中国想要增大自己的份额就意味着美国所占份额比例将要下降，直接威胁到美国所拥有的一票否决权。对美国而言，要想在更低的份额下保持其一票否决权，则必须修改现有的国际货币基金组织章程，这在当前的利益格局和现实情境下，恐怕是不可能完成的任务。

正是由于意识到这一点，中国在某种程度上不得不另起炉灶，例如发起上海合作组织、设立亚洲基础设施投资银行、推行"一带一路"等。

从IMF的案例可以发现，一直被创业者所忽视的公司章程的设计实际上非常关键。创业者和创业团队首先需要明确：① 简单多数条款（大于50%，相对控制）及其适用范围；② 绝对多数条款（大于2/3，绝对控制）所涉及的具体比例以及应用情境：在公司章程中规定，公司进行并购、重大资产转让或者经营管理权的变更必须取得绝对多数股东同意才能进行，并且对该条款的修改也需要绝对多数的股东同意才能生效；③ 一票否决（大于1/3）所涉及的具体比例以及应用情境。一般而言，公司章程设计的关键点包括：① 投票原则设计；② 表决事项设计，包括对一般事项、重大事项、特别事项的规定和相应投票原则的设计；③反接管条款；④对公司章程设计本身的约定条款，即修改公司章程的规则。

3.4 如何寻找首批用户？

本节主要内容有：

1. 首批用户是什么样的客户；
2. 首批用户的特征；
3. 如何吸引首批用户。

对于创业企业来说，如何找到第一批用户是创业企业存续发展的关键挑战之一。没有一定规模的客户，企业将无从发展。从创业的第一天开始，创业者就要不断地反思和探索这个问题。

Lift Labs（目前隶属于Google X）的创始人AnupamPathak发明了了一款新的智能汤匙，专为患有特发性震颤或帕金森症的患者而设计，可防止食物因抖动而从勺子中掉落[一]，目前已经在美国市场销售，价格大约为199美元。现在他们想在中国销售这款设计精良的好产品。考虑到之前谷歌眼镜的惨淡收场，即使诸如谷歌这样的互联网巨头，依然逃不开寻找首批用户的困扰。

我们往往认为好产品总是容易销售的（It is easy to sell a great product），所以创业者都拼命地找寻好产品，招募科学家、工程师等在实验室里进行研发，希望创造的产品能够一鸣惊人。史蒂夫·乔布斯就认为：顾客不会知道自己要什么。但无数创业故事表明，一个新企业成功或失败的原因往往在营销而非技术。营销的本质就是创造价值并让目标客户交换价值。通俗来讲，就是得有人用、有人买。但是客户在看不到任何产品之前，他也不知道自己要什么，是否需要。但我

一 资料来源：https://www.cbsnews.com/news/google-smart-spoon-prevents-spilling/。

们又不可能为所有的人制造和提供产品或服务,因此创业企业的商业计划中必须明确企业的目标人群是谁,企业为他们解决什么问题。

Y Combinator 联合创始人保罗·格雷厄姆曾告诉创业者,开始的时候不要在商业模式上花太多精力,最重要的任务是首先做出人们想要的东西。这话说得简单,但是什么是人们想要的东西?"人们"又是谁?我们怎么知道他们想不想要?要回答这些问题,就得回到**目标客户**这个核心概念上,因为**首批用户**必然是目标客户中最积极的那批人。要吸引首批用户,必然先要思考和探索到底我们的目标客户是谁。首批用户是创业企业生存和发展的基石,能够顺利赢得首批用户只是成功的开始,但如果不能赢得他们,则注定会失败。

一般新产品的接受过程是如图3-9所示的钟形过程。2.5%的创新者是天然的冒险者,他们对任何新的东西都感兴趣,不需要推动,他们就会来尝试新产品。早期接受者能够最早认识到产品给他们带来的效用,创业企业的首批用户主要集中于这类人群。当新产品赢得早期接受者后,才有可能进入早期大规模用户市场。

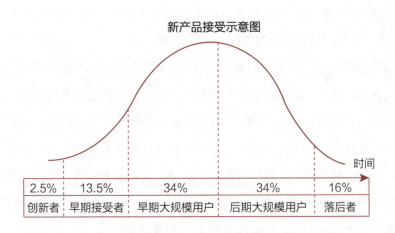

图3-9 新产品接受示意图⊖

在双创热潮中,创业者往往会以"万亿级市场"相标榜,强调市场的广阔而忽略了真正关于切身利益的目标市场,以及自己的潜在客户群。上述图表不应

⊖ 资料来源:Rogers, Everett(2003). Diffusion of Innovations, 5th Edition. Simon and Schuster.

被视作决定性的工具，在创业者真正进行营销策略规划之际，应当以自身业务领域、自身产品属性为基础，重新构建自己的钟形过程。在创业初期，创业者们要改变的是人们的习惯，并对抗他们的惰性，这一目标就如同让一个懒惰的学生每天阅读上万字材料一样，其难度可想而知，而这也正是新创企业一直面临的问题。当作为消费者时自己认为可以不参与的，在成为创业者时自己的客户也同样可以不参与。在这种情况下，如何获取首批用户就显得尤为重要。

在真正探讨首批用户获取方式之前，需要思考两个关键问题：首批用户的角色是什么，他们都具有什么样的特征？

首批用户的角色比较复杂，只有认清这一点才能真正理解如何吸引首批客户。首批用户能够为创业公司带来初始的现金流，为创业公司获得更多的客户反馈信息，为创业公司进行产品假设或商业模式的验证，为正式的大规模产品发布或推广预热造势。因此首批用户不是简单地让创业者增强创业的信心和决心，更是企业发展壮大的基础，但也可能是企业商业模式转换的驱动器。当不断与首批用户进行接触交易时，创业企业有机会进一步反思自身的产品是否存在或大或小的问题，预想的商业模式是否与客户群体、当前市场相契合。在创业的过程中，客户想要的产品类型和质量不是创业公司能够闭门造车的，而首批用户正是获得反馈信息的最佳对象。健身 App Keep 在开始推广时，团队内部讨论健身达人是否是他们的目标客户。后来的观察发现健身达人有自己的健身教练和专业的健身知识，根本不会使用 Keep，而健身小白更需要这样的产品来指导他们锻炼和训练。如果没有这样的思考，那么吸引首批用户的过程就有可能走偏。因此，吸引首批用户的过程就是对产品目标市场的反思过程。基于此，客户发展过程，尤其是首批用户的开拓过程是与产品开发过程是交互影响的。新产品开发的过程就是客户发展的过程，这是个循环反复而不是前后相接的关系（见图 3-10）。创业者不应该机械地先开发产品，再找人卖向市场，这种单向的逻辑并不符合创业企业的营销形式。首批用户不是简单的第一批购买的客户，首批用户将伴随产品走过创意、测试到商业化的全过程。在最小可行化产品设计（Minimum Viable Product, MVP）之前、之中、之后，企业都有可能与潜在的首批用户接触。在不同的阶段，其角色的重点也会有所不同。

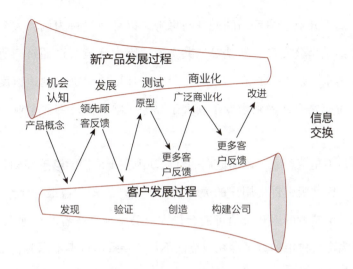

图 3-10　新产品发展过程①

　　首批用户到底是一些什么样的客户，他们的特点是什么？简单来说，首批用户都敢于接受风险和不确定性，他们愿意容忍产品或服务的不完美，更有耐心、热情参与分享，他们还会积极充当公司的"代言人"或"销售员"。具体来说，首批用户是比较有耐心的一批客户，因为他们是第一批接近创业者的外部人，他们愿意说出自己对企业产品的真实想法，而企业对他们的充分重视也会增强首批用户对企业的信任。如果企业即将开展大规模的产品化或推广，首批用户会以"第一个吃螃蟹的人"的身份帮助公司推广产品，为公司的运营添砖加瓦。首批用户的最大本质除其个人特征以外，他们非常愿意以开放包容的态度与企业进行沟通交流，很乐意与他人分享自己使用企业产品的经历与感受。

　　正因为如此，创业企业被认为是市场导向理念的绝佳试验田。企业运营者可能会被公司内部的管理业务牵制大量的精力，在执行总监、营销总监、技术总监等重要职位下，设专人开展调研是一种可行的方式。在创业时不能离客户太远，而调研也应以目标客户群为主，不断地与客户保持良性沟通，所获得的所有信息都会帮助创业公司不断修正自己的商业模型。新创企业想要谋求进一

---

① Steven Gary Blank. 四步创业法 [M]. 七印部落, 译. 武汉: 华中科技大学出版社, 2012.

步的发展，离不开对客户反馈的调查与思考。以交通出行为例，大多数人都不愿意在高峰期乘坐公交车、地铁等公共交通，因为环境太过拥挤，所以才会产生对专车的需求。那么客户在用车时，对车内环境、司机、到达速度等因素的体验是否满意，是否认为乘坐专车利大于弊等问题，都是创业企业应当调研与讨论的。

首批用户不是慈善家，驱动他们的背后动因在于他们能够感知到新产品提供的最大利益。因此吸引首批用户的关键就在于实现感知利益最大化。一般来说，有两种情况下消费者的感知价值可能会最大：第一种是在需求远远大于供给时，或者强力的需求且供给的方案存在明显的不足，导致消费者不满时；第二种是在一些消费场景中的触发。

创业案例3-5

Uber 与共享单车

Uber 作为出租车的替代品，首先选择出租车服务不足的城市作为他们的试验点，而在时间选择上，Uber 选择在酒吧的周末夜间或大型比赛结束时，此时出租车的市场需求大于供给，用户很难打到车，就迫切需要交通工具送他们回家。类似地，在共享单车产生之前，"一公里出行"体现出来的问题是：距离尴尬，走路太累，打车太贵，公交车又没有站点，自购自行车维护太烦，停车不方便，又容易丢失。共享单车的出现正好提出了一个有效的替代方案。

我们都说消费者决策往往不是经济理性的，因为消费者的大部分决策受到环境和情绪的影响。因此消费场景是一个重要的操作概念。场景一词不是一个新生词，过去作为戏剧，电影的专业术语。影视剧中，场景是指在一定的时间、空间内发生的特定的任务行动或因人物关系所构成的具体生活画面，相对而言，是人物的行动和生活事件表现剧情内容的具体发展过程中阶段性的横向展示。更简洁地说，它是指在一个单独的地点拍摄的一组连续的镜头。用在商业之中，场景的构成有几个关键词："时间""空间""任务行动""用户关系"。真实的首批用户必然处于某个特定的消费场景，在这些场景中他们更容易感知到最大的利益。

> **创业案例3-6**
>
> **Dropbox**
>
> Dropbox的创始人德鲁·休斯顿就是因为有一天外出忘记带移动U盘，无法在从波士顿前往旧金山的旅途中完成他的编码工作，所以创造了这个储存、分享、同步的网络工具。而发生类似的情况并不少见，不少人都有类似的体验。尤其是当人们因为工作需要频繁地与另一方互传文件、频繁修改文件内容时，此时Dropbox的需求就得到显现，这种需求的强化体现在节省带宽和时间实现快速同步，其便捷让不少人惊叹，即使是1G大小的文件也可以瞬间上传，让用户的感知价值最大化。因此在其推广的前期，他们将产品放在专业的技术论坛，让那些经常操作文件的个体去试用，最终他们不仅自己使用，还会介绍给亲朋好友使用。同样，共享单车选择在地铁、公交站、小区门口投放车辆，能够让用户在问题产生的情境中看到解决办法，从而更容易接受产品。

一些场景中发生的事情，会让人们感受到清晰的需求，并在购买过程转化为目的性和紧迫感，这样的事情就是触发器。准确找到触发器，吸引客户就成了简单的事情。虽然很多人都有一些需求没被满足，但是让客户首次采纳或者使用并不容易，因为大多数人都有生活惰性，不愿改变现状。

理论不难理解，但在吸引首批用户时也存在一些实践策略。Beta测试对于一些技术产品来说是吸引首批用户的主要方式。Dropbox、小米等都会将Beta版的产品投入到一些技术发烧友中，用文字或视频的方式展示他们要做的产品，欢迎用户提出改进意见。健身App Keep在产品正式退出之前就圈定了一批微博健身大V，邀请核心用户进行内测，迅速积累了众多种子用户，奠定了二次传播的用户基础。那么，对于平台型创业公司而言，是先吸引供方还是需方呢？

> **创业案例3-7**
>
> **首批用户：供方 vs 需方**
>
> Airbnb作为一个双边平台，开始创业时要先吸引房东还是房客呢？初期自然没有房子，什么都是空的，所以他们决定先找到房东，让房东将出租信息发布到自己的平台上。原来房东都是把租房信息发布到craigslist上，所以他们逐一联系craigslist的房东，希望他们能够把房屋出租信息同时发布到Airbnb上。对于房东而言，多了一个信息发布平台自然很好，转换的成本也很低。在供方吸引启动后，Airbnb开始转向需求方。Uber也是先吸引专业的司机加盟，然后再吸引个体司机加盟。
>
> 线上零售巨头Amazon也经历过类似过程，在创业初期，消费者对于网络购物并不熟悉，觉得风险很大，书籍的价值清晰，储存和运输都比较方便，所以Amazon选择了标准化水平较高的书籍作为突破口。正是在书籍销售上的成功，积累了一部分忠实客户，然后它才向百货零售转型。还有一个原因是Amazon最初的目标客户是那些受过良好教育的人，因为他们更愿意接受新的购物方式。

吸引首批用户不能拼运气，在行动之前都要有认真的思考。

（1）充分反思。我们的产品和服务是人们想要的吗？它们到底解决了人们什么样的问题？这些问题人们觉得很重要吗？有哪些人觉得重要？可有可无的创新在商业上没有意义。动感平衡车始祖赛格威和谷歌眼镜都最终难逃被市场淘汰的厄运，因为他们无法明确知道价值，也无法知道其首批用户的特征。不同性质的产品决定了用户群体的不同，也决定了产品扩散方式的不同，新创企业需要充分反思自己的产品属性，分清到底属于迅速扩散型、缓慢扩散型还是延迟扩散型，不是所有的创业都是为了追求流量和眼球。

（2）管理体验。如何让人们尝试使用我们的产品？人们不愿意使用我们的产品，有时候是产品本身不够好，有时候是人们认为产品不够好，因此提高使用动力成为关键。人脉和社会网络是撬动首批用户的关键，与行业中的标杆企业合作可以提升自己的声誉和可信度。也可以打造顶级销售团队，让人们感知到最大的价值收获。这个时候简单粗暴的金钱激励可能并不是一个好方法。很多企业在初期推出免费、打折等活动，这些行为一旦被认为是规范，后期再涨价就变得很困难。现在大家普遍觉得滴滴收费较贵就是因为这样的原因。另一方面，金钱的激励会使产品价值变得模糊，很多人购买新产品可能并不是因为它能够解决他们的问题，而是因为便宜甚至不要钱。撬动首批用户的有效方式是**改进客户体验**。

创业案例3-8

良好的客户体验

Uber 和滴滴在市场开拓时，不论是各种创意营销活动，还是规范服务流程，都为首批用户创造了让人难忘并可以传播的体验。在 Uber 创立之初，该企业没有直接将私人司机作为租车主力军，而是雇用了专业的租车公司。这些公司在车内环境维护、司机服务质量等方面完全达到了专业级别的水准，帮乘客开门、下雨天撑伞等加分项也是常规，于是有很多客户因为优质的服务而选择了 Uber。实际上在这一时期，Uber 享誉全球的共享平台的概念还没有建立起来。随着客户的数量越来越多，Uber 开始引进私人司机，开始制定原本不需要的规范。如果 Uber 一开始就大规模使用私人司机，那么乘客在同样的平台上得到什么样的服务只能是碰运气，不利于 Uber 企业的发展。滴滴公司对司机的培训要求同样很高，乘客上车司机要用标准化用语问好，除此之外还有很多内部培训。在企业新创阶段，运营者的目标并非将流程高效化，或者降低产品的出错率，而是让首批用户完全满意，提升他们的体验。

类似地，在 Airbnb 开始运营阶段，创业团队邀请摄影师拍摄房东家的房间和环境，充分展示房间的独特美感，提升了房客的感知价值。虽然这么做，从经济的角度不划算，以后也不可能全面推广，但是这些服务对于首批用户的吸引力很大。如果单纯创立一个网站，将出租屋的地理位置、价格、交通情况挂上去，只停留在最表面的信息，即使做得再周全也是有限的。Airbnb 要创造的是一种旅游过程中的居家体验，让旅行者像当地人一样体验当地生活。这种产品的优势在于本土化，但如果是旅游者个人去联系可能比较困难，还不如酒店提供的便捷服务。

> Airbnb 尽可能简化流程，所有的交易尽可能在网上完成，在 App 和网站的设计上力求便捷。
>
> 为了保证自己的可信度，阿里巴巴派自己的销售人员去每个县城、乡镇的供应商处了解情况，就是为了确保平台提供的是真实可信的产品信息。这么做的目的是让首批用户有更好的体验之后帮助传播。

（3）渠道突破。选择哪个渠道去推广？创业企业需充分挖掘已有的有效的推广渠道，不要轻易去探测另外一个获取客户的渠道。因为创业企业的资源有限，而且其他渠道没有被检验过，风险很高。一种方法是联合。借力打力的前提是找到一个客户群体与新创企业类似、价值观基本一致的成熟企业，这样就可以通过成熟企业的数据库找到新创企业的首批用户，最好不要损害合作企业的价值。另外一个渠道就是社会人脉。在中国特殊的文化背景下，人脉资源成为一种特色渠道。通过人脉传播产品的成本很低，但推广的对象却不一定对相关产品有真正的需求。从大公司 CEO 到普通创业者，都在试图拓展自己的社交关系网络，并借此推广产品。新创企业应当认清人脉对于自己的价值，明确自己想通过人脉得到什么，是希望从认识的人中发展自己的客户，还是只作为传播消息的渠道。社会学上有强联系和弱联系的概念。强弱之分并不意味着好坏之别。强联系突出资源的同质性，与企业有强联系的客户往往愿意牺牲短期的利益而追求长期的合作。而弱联系则允许资源的多样性，在寻找工作等需要多种信息的场合，弱联系能发挥更大的作用。如何在深度和广度上充分利用人脉，都是创业者应当考虑的问题。在设计产品时，如果需要一定的病毒性特征设计，企业应当妥善选择主要发挥强联系的作用还是主要发挥弱联系的作用。

（4）速度把控。创业公司都希望能够一个月吸引 10 万用户，一年吸引 100 万用户，但创业公司积累首批用户的速度取决于行业特征、产品特征以及公司特征。一般来说，产品渗透模式分为迅速扩散，中等扩散，延迟扩散和缓慢扩散。同样的时间，不同的扩散模式会导致不同的渗透水平。具体来说，有众多因素影响创业企业的首批客户积累数量：你的产品是平台信息服务，还是具体的产品或服务？目标用户的需求感知强烈程度如何？创始人是否有合适的人脉与社会网络？销售人员的热情和技巧是否足够？沟通文案是否有效？这背后的关键在于目标客户群的画像，但对于创业公司来说，是否需要目标客户画像，以及画像要画到什么程度，这都是问题。对这些问题，目前也没有什么明确理论答案，因为这是个经验问题。但从营销的角度来说，价值设计、价值传递、价值沟通这三个环节越是清晰明确，系统整合，首批用户的积累数量会越快。

创业案例3-9

Dropbox 与百度网盘

在免费文件储存服务市场中，Dropbox 能够快速切入市场，赢得客户，从中可以看出它对于价值的思考是深刻的。很多人认为 Dropbox 的价值并不大，或无法得到收益。他们为每个注册用户提供2G 的免费空间，如需要更大的空间，则支付费用，他们的付费用户占全部用户的比例大概在2%~3%左右。而目前国内主导的百度网盘则采用了不同的方式，对用户使用的云盘容量不加以太多的限制，而用户如果不付费，上传下载的带宽会受到很大的限制。这一盈利模式让许多用户在使用过程中感觉并不顺手，不管用户需要的存储空间多大，想要快速传输都需要付费，这种价值设计与 Dropbox 也截然相反。

（5）漏斗管理。首批用户的识别与吸引离不开目标客户研究。任何客户的购买行为都会经历认知、权衡和购买三个阶段（如图3-11所示）。客户在每个阶段都有可能暂时不想进入下一阶段，这就是客户决策的漏斗模型。为了降低每一阶段的客户流失率，在一开始时，就要确定好到底要面向哪一类客户群体，以及衡量、监控和管理每一个环节中的用户流失比例。

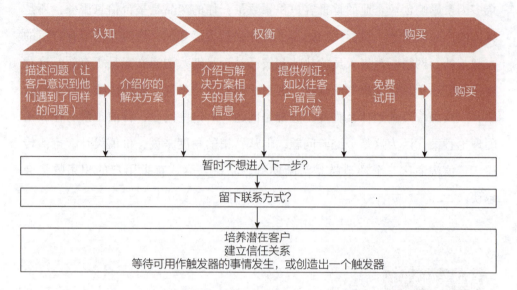

图 3-11　认知、权衡和购买三个阶段

路边常有装手机 App 送小礼物的推广员，表面看来人潮涌动，现场气氛热烈。这种流量和地推思维深刻影响着创业企业的用户获取策略。而实际上，装一个手机 App 对用户来说无伤大雅，换一瓶水也不过是蝇头小利。"反正是免费的"是很多用户的心理。那么，这些客户真的是企业想获取的用户吗？他们是真的能够理解并接受企业提供的产品或服务的价值吗？即使企业有了所谓的用户，我们也无法明确判断这些是不是我们的首批用户。他们究竟是受到出众的产品质量吸引，还是被初期的优惠福利、甚至是免费产品所吸引？这些问题很多创业企业可能无暇思考。得到市场的认可对于创业企业，不管是创业者本人，还是创业团队来说，都是一个巨大的鼓励。但创业者的理性则体现在思辨地看待首批用户的真实性，如果片面关注客户数量的快速上涨，忽略了反思的过程，迷失了创业的初衷，模糊了创业的核心价值，那么新创企业的价值很难有更多地提升。当企业减少优惠力度，不再赠送，此时的客户还能否留住？这样的思考要不断在创业者脑中思考。"简单粗暴"地送福利、提供免费服务虽然会快速提升客户数，但客户选择产品的背后并没有坚实的理由，这样的推广方式会让企业自身的产品、模式和价值模糊，不利于新创企业的进一步发展。

3.5 创业企业如何推广？

本节主要内容有：

1. 创业企业推广的内在驱动模式；
2. 创业企业推广的外在拉动模式；
3. 企业自有媒体的推广；
4. 数字营销推广。

当创业企业吸引到了首批用户之后，也就实现了从 0 到 1 的突破，那么接下来的问题，就是怎么能够让客户快速增长到 10 万个客户，甚至 100 万个客户。创业企业刚刚在市场上赢得了早期用户，之后需要想办法吸引早期的大规模用户，这是一条十分难以跨越的鸿沟。创业企业的资源有限，如何更好地分配营销资源来进行推广成为创业企业这个阶段的关键决策之一。

3.5.1 企业内在驱动推广模式

我们定义内在驱动的推广模式主要来自于两种情形，第一种在于产品本身具有传播性，例如 Hotmail、微信等社交化产品，该类型产品因为只有链接才有价值，网络效应至关重要；第二种则主要来自于口碑，因为产品本身受到大众喜爱，用户乐于使用并推荐此类产品。这种内在驱动模式不仅省钱，而且推广效果良好，很多创业企业都希望采用这种方式达到推广目的。这种内在驱动模式最广为认知的可能就是病毒性营销。一般病毒性营销分为三种：① 原生性病毒营销——根植于产品内部，病毒性传播基于产品的使用功能；② 人工性病毒营销——迫于外在推动力，创业企业采用了有效的激励机制；③ 口碑性病毒营销——源于客户满意的宣传。但现实中，大部分的创业企业都无法成功，而它们失败的原因也有很多。为什么有些时候病毒性传播会成功，有的时候却失败了呢？

病毒性营销背后有着很强的数学逻辑。**传染回路**指的是用户 A 从接触并采纳产品到推荐用户 B 接触并采纳产品的整个过程，如图 3-12 所示。这一过程包括 A 的使用与采纳、邀请的创造、B 的使用与采纳等关键点。病毒性营销能够成功的关键，则取决于以下几个要素：

传染回路

用户A接触产品 → 采纳该产品 → 推荐该产品 → 朋友采纳该产品 → 完成传染回路

图 3-12 传染回路

（1）首批用户的数量。这些首批用户就是种子客户，他们的数量越大，那么传染的基数也就越大。一百位种子客户和一千位种子客户，在经过扩散之后，最终用户的数量差别是很大的。

（2）每一个用户发出的邀请数量。创业企业要鼓励用户发出邀请，因此需要设计激励制度。Dropbox 就是希望用户将安装链接分享给朋友，这样双方都可以获得储存空间的增加。小米手机在推广过程中，如果将手机推广给朋友双方都可以降低价格。这样的双边激励措施被越来越多的企业所采纳，以此激励用户发出邀请。

（3）发出邀请的转换成功率。用户发出的邀请数量与发出邀请的转换成功率的乘积之值形成了一个关键的系数 k，叫作**传染系数**。假设一个用户平均发出 5 份邀请，发出邀请之后每一个可能的转换的概率是 20%，那它的传染系数是 1。研究发现，只有当传染系数大于 1 的时候，才会有传染效果。以初期有 1 名用户为例，每一个发出用户的要求是 10 份，转化率 20%，经过简单的计算可得：5 个阶段过后，企业的用户就可以从 5 个人变成 315 个人。如果 k 是 0.9，那么后期的增长实际上是非常缓慢的。如果企业致力于进行成功的病毒性营销，传染系数大于 1 是很重要的数学条件。企业应控制好每一个人愿意邀请的数量和转换的概率这两个指标，完善传染回路以及邀请的创造流程。企业运用新品免费试用、买一赠一这些方式来推广、促销自己的产品，本质上都是为了使传染系数变得更大。

（4）回路周期的长短。完成一个传染回路的周期越短，传染效果越好。YouTube 和 Tabblo 两家视频网站的对比突出了回路周期短的重要性。作为两个几乎同时期、同形式的产品，YouTube 最后得以疯狂增长，而 Tabblo 目前却已经鲜为人知。其原因是 YouTube 的回路非常短，用户看到一个视频后可以立刻转发给朋友观看，而 Tabblo 的回路则相当长。在设计产品与过程时，如果一开始的差别是数日和数秒的差别，在半年之后可能就会达到百万级的差别。

因此要实现内在推广模式的创业企业，需要明确上述因素是否齐全和完备，否则想要实现病毒性传播几乎不可能。

3.5.2　外在拉动推广模式

对于创业企业来说，外在拉动型推广模式更为重要。企业需要通过媒体的力量让潜在的早期大规模用户知道并使用产品。在创业企业推广中，媒体居于关键地位，当然我们认为一切能传递信息的渠道都应当被称为媒体，包括产品包装、店铺展示、服务人员等。媒体一般分为三类：

（1）付费媒体（Paid Media）。主要包括电视、电台、报刊，户外广告或者搜索引擎，甚至一些移动端嵌入式广告，尤其是各类 App 平台页面等。付费媒体覆盖面广，影响力大，但是这类媒体目标不明确，可信度不高，效果难以衡量。随着互联网的兴起，有一类特殊的媒体，即直播平台与网红诞生。在直播平台上，参与者会购买虚拟礼物打赏支持主播，网络主播占据了媒体的一个通道，影响着千千万万的消费者。有些企业开始考虑邀请网红做代言，或者是某种形式的独立销售代表。

（2）自有媒体（Owned Media）。这类媒体主要包括企业官网、官博、官微、企业客户端等，同时实体店本身也是一种媒体。自有媒体可以由企业自主操控，开展针对性的推广。但是这类媒体受众有限，需要长期维护，对销售来说不会立竿见影。

(3) 赢得媒体（Earned Media）。这类媒体最大的特点就是传播速度快，可信度较高，因为它不代表任何利益，而是一些用户真心地去表达他们的意见和想法。当消费者想做出决断时，第一反应是在互联网上搜索相关信息，网络口碑成为消费者决策的重要依据。所以创业企业需要评估所在产品品类中的关键意见领袖（Key Opion Leader，KOL），通过他们的口碑帮助企业推广。但不是在社交媒体上的所有活跃者都是我们的客户。在有一些行业，社交媒体上的活跃度具有很高的价值，但是在另外一些行业中却未必如此。企业应当抓住对自身产品真心热情的 KOL，而不是简单地在评论区内反复褒扬、批评或者不表态的消费者。研究发现，过于积极或过于消极的评论，都不会对消费者的购买意愿产生正面的影响，一条客观的、既有表扬又有批评的评论更容易抓住用户的心。如果评论的内容停留在"物流太便捷了，包装得特别好，我使用起来特别好"，在消费者对信息的抓取过程中可能会打折。口碑是企业普遍追求的，但口碑所具有的传导性对企业的管理提出了更高的要求。企业应当充分考虑消费者对信息的处理过程，而企业创造口碑的目的是省下付费媒体的开支，从而达到超过付费媒体的效果。如果只是为了创造口碑而创造口碑，有时可能会达不到预期的效果。

不过当下大家都知道有水军和被收买的大 V 之后，人们对这类媒体的信任度有所下降。而且网络信息泛滥，有时候也不知道是真是假，这也为一些平台和社区提供了创新的可能性。例如"小红书"，它是女性用户分享化妆品信息和经验的重要平台，但如果创业企业要在这类平台上推广，它也会演变成为一种付费媒体。

几种媒体的总结如表 3-1 所示。

表 3-1　媒体类别与特点[一]

媒体类型	定义	例子	角色	好处	挑战
Owned Media 自有媒体	品牌自己控制的渠道	√ 企业网站 √ 企业移动网站 √ 企业博客 √ 企业微博等	与直接和潜在用户以及与赢得媒体建立长期的关系	√ 企业控制 √ 成本低 √ 长期效果 √ 用途广 √ 受众精准	√ 效果无保证 √ 不被信任 √ 需要花长时间维护

[一] 来源：Forrester Blogs，编译：@SocialBeta。

(续)

媒体类型	定义	例子	角色	好处	挑战
Paid Media 付费媒体	品牌付钱买来的渠道	√电视广告 √付费搜索广告 √其他赞助	吸引眼球激发讨论	√按需 √迅速 √范围大 √可控	√嘈杂 √可信度低 √效果每况愈下 √花费昂贵
Earned Media 赢得媒体	消费者变成渠道	√用户口碑 √引领风尚 √病毒传播	倾听和反馈——赢得媒体是执行良好、企业自有媒体和付费媒体协同良好的结果	√可信度高 √形成销售的关键因素 √透明 √栩栩如生 √花费相对低廉	√不可控 √可能有负面评论 √范围广 √很难衡量

针对付费媒体而言，图3-13简单描述了创业企业走向成熟企业的不同阶段，各类付费媒体可能被采取并使用的重要性。创业企业在进行推广时，我们看到从一千到一百万的量级增长过程中，广告和公关扮演着重要角色，这类广告形式多样，渠道多样，但是价格一般也很贵，例如找代言人。ofo 在2017年5月找鹿晗作为形象代言人，滴滴公司也请了好几位明星作为他们的代言人，以显示他们服务的安全和方便。一般创业企业都要获得投资之后，才会有钱来请代言人。

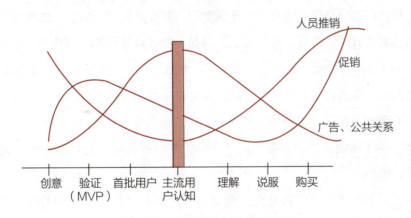

图3-13 媒体效果与用户发展阶段

创业企业应该尽可能多的参与公共关系活动，例如事件营销、联合营销、产品植入等。Uber 在全球推广时，创造了很多新闻话题，例如邀请明星做司机，或者将车辆改装成为主题派对等。这些都是为了花最少的钱，取得最大的新闻传播效果。在产品植入方面，MCM 是一个有趣的案例，这个包是怎样突然火起来的呢？他们并没有做很多广告，而是邀请了一些模特，背着这个包在北上广的城市时尚地标处闲逛，然后有摄影师拍照，发布在微博、微信等社交媒体上，大家都很希望知道这个包是什么？为什么会有那么多时尚大 V 都会选择它呢？这样一下子就打开了市场。

另外一个推广的方式是促销，促销的方式也很多样，有优惠券、折扣、免费搭售、赠品等，这些都能够在短期内激励用户购买。然而对于 B2B 的创业来说，第三种有效的方式则是人员推销。就是销售人员走向客户，或者通过参加交易会或展览会，更大规模地接触潜在客户。

当企业通过融资等方式积累起雄厚的经济实力时，可以考虑多运用付费媒体；当企业资金紧张时，可以考虑多利用自有媒体；而对于口碑媒体，这类媒体并非表面上看起来那么低成本、高回报，实现范围也有限，需要创造后进行频繁的设计维持，才能起到更好的效果。这种推广的实验方法论可能可以帮助创业一方面提升沟通效果，另一方面则降低沟通成本。因此，在面对媒体选择时，最重要的是评价，同时要对成本与此类媒体带来的销量之间的关系进行评估，包括投资回报率（ROI）。有研究表明，短期的销售额增长低于电视广告的费用，但与单位零售价格之间存在正比关系，也就是说电视广告有助于降低客户对价格的敏感度。虽然广告费高昂，但很多企业执着于一面投放电视广告，一面提升产品单价。当消费者看到广告后，他们会认为多花一些钱是值得的。即使产品单价只从 10 美元提升到 11 美元，多出的 1 美元实际上都是企业的纯利润，不容小视。

类似地，在进行线下广告促销时，也可以采纳实验思维：

（1）随机分配某一地区或实验对象接受广告促销活动；

（2）除了所测试的广告促销活动之外，不能有任何其他因素影响所观察到的结果；

（3）实验结果可以合理地推广到公司即将进行广告促销活动的实际营销环境中；

（4）实验活动进行时间必须先于其将引发的销售效应；

（5）必须设立一个对照组，它不受广告促销活动的影响。

3.5.3 公司自有媒体推广选择

创业公司有时候不太重视自有媒体。自有媒体是公司直接面向用户的窗口，公司自有媒体经营得如何能够马上让人感觉到公司是否可信、是否专业。公司自有媒体的推广选择有以下几项：

1. 创业者本身就是公司最重要的代言人

创业者要练就"演说家"的本领，积极参加各种活动，传播公司理念，让更多行业内的人了解自己。他们需要为自己公司做产品宣传，为新产品做介绍。当创业者承担公司发言人的角色，对外阐述公司产品时，他的形象和表达会对用户产生极大的影响，并直接关系到对公司的印象。创业者需要风度翩翩、知识渊博；了解公司状况；明确在合法的前提下该说什么不该说什么，尤其要学会30秒到2分钟的"电梯演讲"。这些都是推广过程中的关键渠道。

2. 维护和运营公司的社交媒体账号

在大多数情况下，**自有媒体的主要功能是为了让用户更加了解公司，而不是成为强大的销售渠道**。关于如何维护和运营公司的社交媒体账号，有以下几点需要注意：

（1）专业的团队。公司应该有专业的人员定期更新社交媒体账号内容，哪怕只有一两个人。这一专业的团队应负责定期更新公司运营、产品内涵的内容与观点，为这些能够承担媒体职责的渠道保持时效性。

（2）内容和观点。在社会化媒体上发布怎样的内容和观点很重要。如果只是人云亦云，那么结果只能淹没在众多的公众号当中。因为没有带给读者任何新鲜感，也不具有知识性。在运营时有重要的三点：避免自我中心综合症、避免垃圾信息的创造、避免过度营销的冲动。

（3）时效性。在做社会化媒体管理时，一定要注意跟当下的话题结合，但不能是硬结合。这就涉及团队的创造力水平。

（4）响应性。社会化媒体作为能够跟客户直接沟通的渠道，一定要及时响应。如果客户咨询了一些关于产品和服务的问题，结果过了24小时，甚至48小

时之后才得到回应,公司形象在客户心里自然会打折扣,客户对公司的信任度也会降低。

(5)一致性。公司众多自有媒体需要保持一致性。所谓的一致性就是在一个公司所有的自有媒体上,大到公司的品牌形象到价值内容,小到每个页面的设置、字体的安排、颜色的选择、动画以及语言的风格都要保持一致,这样才容易在消费者的眼中形成一个固定的形象。这也是公司定位的一种实现方式。

大部分创业者开始时都很自然而然地利用社会化媒体作为驱动销售的工具。但事实上,社交化媒体没有办法直接转化成销售。因为即使在公众号等社会化媒体上发布了一些产品信息,客户也不一定会读,不一定会分享。通过社会化媒体赢得潜在用户必须放弃直接的推销,而是通过讲述与客户相关的故事来打动他们,了解他们所关心的话题,这样才能创造持续口碑。社交化媒体对于创业企业是必需的,但依靠它的广告是个长期工程,需要潜移默化、润物细无声地改变用户对公司的认知,不断加强用户的感知价值。

3. 礼品策略

为了促进公司形象的传播,大多数创业公司都会设计或采购一些礼品,这也是一种推广传播的手段。一般礼品上都有公司名称、LOGO 和基本信息,为了能够起到传播效果,礼品的类型需要满足三个基本要求:长久性、可视性、巧妙性。

3.5.4 数字营销推广

随着互联网成为消费者生活不可或缺的一部分,在发展首批用户后,创业企业开始探究符合自身状况的数字营销(Digital Marketing)。企业重视数字营销的原因在于数字营销建立在大量数据的基础之上,有了这些数据企业才能更好地进行决策。对于新创企业而言,刚开始没有用户积累下来的任何信息,也没有对市场、对竞争对手的相关信息,而在有了首批用户之后,数字营销应当立刻启动。

对于平台运营者来说,此时要从供给方向需求方转变,不断挖掘其行为模式以及背后的动因,了解用户到底为何使用自己的产品。对于数字营销,很多企业

都会习惯性地将所有的消费者作为数据来源，分析他们的男女比例、地理位置区域比例、收入情况、工作情况、如何做到价值收益更好等。对上述因素的分析均可采用统计学的方式，但对于真正值得关注的需求方，这些表面的数据不足以揭示背后的深层信息。创业者应当做的是对需求方的动机（而非特征）进行区分，使自己的数字营销更具有针对性。如果只是致力于在社交媒体上发文、设计浏览页面时经常跳出购买关键词，可能看起来做了非常多的工作，但实际上意义并不大，其根本原因在于开始做数字营销前便没有弄明白客户真正的需求。数字营销并不是贴标签的过程或分析消费者的统计特征并做出实际上可以由生活经验推断出的一系列假设。例如女性总是比男性爱美，这种数字营销的问题在于没有形成知识性的结论。所谓知识性的结论，其核心在于对机制的研究。数字营销并不是在不断地测试后得出消费者群体的特征，而是对这个过程的解释，即消费者为什么这样。企业不能过分强调输出和输入的关系，由于现实状况的复杂性，本次输出的结果很好，并不能代表同样的输入会在下一次有令人满意的输出。因此，现象背后存在的机制是非常重要的研究对象。如果只看数据，研究者可能会得出在晴天尿布卖得好、雾霾天避孕套卖得好等一系列表面上不相关的结论。只是说"好"没有实际价值，应该对背后的机制有更多的探寻。数字化营销推动研究者发现结论中隐藏的机制，发现更多实在的相关性。

目前，很多企业都将越来越多的资金投放在了数字化沟通的方式上，新的工具也层出不穷。数字化营销不再是通过传统媒体铺天盖地的宣传、在整条街上贴满广告或者乱卖流量，而是有针对性地吸引客户。请当红明星、挂广告展板、"烧钱"，当然可以对营销产生帮助，但不能精确定位用户，不能精确寻找首批用户。

在数字推广的过程中，创业者应当考虑的是两个关键问题：

第一，如何将访问者转化为消费者？对于营销者来说，首先，要提高自身产品的认知度，然后要影响认知者的判断，让他们感受到对这类产品的需求，最后才是真正促使认知者购买。在数字化营销的模式下，假设在淘宝上搜了某件商品，打开新浪网后下方就弹出了相关的广告，这就是最初的联动与转换。虽然只有2%的访问者会在第一次访问时购买产品，但数字化营销的目的正是针对这些潜在的目标客户群进行进一步的转换，在技术上也是可以实现的。

第二，如何决定网络广告与网络搜索的资源？看到某产品的广告，可能会引发用户的搜索；搜索时看到相关广告，也可能进一步引发需求。经过调研，至少在美国，搜索的过程当中有20%其实是由广告展示的。但是实验表明与其他用户相比，看到广告展示的用户在搜索相关的时候提高了5%到20%。广告展示提高了搜索和点击，对于搜索和广告展示，每投入1美元会对广告产生1.24美元，会对搜索产生1.75美元。企业可能会考虑到底在搜索词的关键访问上做广告，还是在一般版面上做广告，对于这类问题的回答，要回到数据上去，根据数据的反馈来决定企业的发展走向。企业投入一分钱的广告再加入一分钱的搜索广告，会得到多少回报？如果交换投放资金的顺序，会有什么差别？在页面上投放广告时，在哪里投放会收益更大？根据谷歌的相关调研，61%的广告投放在页面右侧，24%在顶端，剩余的在底部。而实际上，页面浏览者85%的广告点击都在页面顶端，底部只有2%，这可能是人的浏览习惯所致，在页面顶端投放也应该是最有效的。但广告投放者可能是出于资金考虑，将重心放在右侧，这是一种综合性的考量。上述的分析可以说是数字营销的1.0时代。在2.0时代，人们对客户的把握更为精细，关注并解释客户的动机，了解客户的审美。所以网页是营销的重要手段，即使很小的页面也需要进行细致的分析，才能实现更好的营销。

总体而言，我们可以将营销手段分为两种：正向营销和反向营销，前者向外，后者向内。如果企业采取正向营销的方式，那么会不断地向用户靠近，让用户感受到企业对其需求的靠近。此时企业投入大量的媒体预算，不断地进行差异化、开发新模式。如果企业采取反向营销的方式，企业会促使用户在遇到特殊问题时，主动搜寻企业、了解企业。企业需要做的是在用户寻找到自己的那一刻，完美地解决客户的问题，让用户感受到自己的优势所在。

不管采取什么方式，创业在推广过程都要反思吸引来的用户是不是企业想要的用户。我们希望病毒性营销带来用户的增长，同时也要留意用户的忠诚度和产品粘性。用户的快速扩张其实是以牺牲参与度为代价的。新带进来的用户可能与早期用户不同，因此产品参与度也不高，又或许企业独特的价值定位渐渐迷失，以至于新用户有了不同以往的产品期待。有不少创业企业开始时用户增长、销量上升很快，但后来为什么突然就消失了？因为有一些本不属于企业目标客户群的用户开始使用企业产品。但是这些用户只是因为一时的激励或者其他原因而被吸引，后来用户突然放弃企业，是因为他们觉得企业产品或服务没有达到他们的预期，或者他们所感知的与企业所提供的之间有差距。这类非目标客户群的离开又会进一步影响主流目标客户群，企业所定位的目标客户对企业的价值认知变得模糊，从而导致创业失败。

过早追求用户增长是一种时间与金钱的浪费，并且会很快搞垮创业公司。对于企业运营者来说，在进行病毒性营销时，更应"不忘初心"，不能迷失自己的独特价值。创业的过程中，一旦用户的数量扩大，企业应避免典型的流量思维，只看到如今用户数量的增长而忽略企业的本质。新创企业不应操之过急地通过各种营销手段推广自己的用户数量，而要先坚定自己真正的产品特色。

> **创业案例3-10**
>
> ### 凡客
>
> 凡客是一个非常典型的例子，一个曾经被估值30亿美元的企业，如今却快要被人遗忘。因为随着企业的发展壮大，他们已经不知道企业的目标用户是谁了。在凡客创立之初，它不仅通过多轮融资壮大经济实力，更"无所不用其极"地开展宣传，可以说用上了一切能用的手段，而收效也确实明显，销售额在2010年即突破了28亿元大关。凡客以服装服饰和完善的客户体验为企业产品价值，用59元的帆布鞋、29元的衬衫为中国众多追求潮流的都市普通人提供了服装零售服务。中国消费者普遍认为凡客作为中国第一个互联网服装销售的垂直平台，在短时间内是几乎不可能垮台的。但实际上，凡客在经历了轰轰烈烈的宣传推广后，很快就淡出了公众的视野，这一现象的产生有两方面的原因。第一，凡客在对外方面没有形成客户对自己产品的认知，也未能强化自己在客户心中的形象，让自己的品牌留住更多的忠实客户。第二，凡客在商业模式的"内功"修炼上仍不到位。战略目标的制定会决定资源配置的方式，在经历多轮融资、手握大量资金之后，如果把资金投在"看不见的地方"，在基础信息技术以及基本的架构上下功夫，同时进一步认清自己的目标客户，而不是大量地投放广告，那么凡客现在的状况可能所有不同。

对于京东、美团、饿了么等线上零售企业来说，供货源稳定，资金充足就不需要担心，真正能够留住客户的是供应链的完善。在与凡客类似的状况中，京东非常重视快递的运营，并以此这种方式减少库存。京东老总刘强东在宿迁视察时曾表态"快递人员的工资要比县长高"，充分发挥了企业自有媒体的作用，达到了推广的效果。同时运用大数据模式对仓库的建设位置、仓库内存货种类与数量进行规划，并定期不断地进行调整与自我学习，满足目标客户群的需要，真正维持住自己的客户。

中国市场上苹果、小米、锤子等手机品牌也是很典型的例子。虽然有人会说广受追捧、甚至需要"卖肾"才买得起的苹果手机已经成为"街机"，但其高昂的价格并不适合所有的用户群体。小米推行"小米化改革"，既把产品做精做细，又不失产品本身的质量，维持了高性价比。一群所谓的中产以下的大量的年轻用户群体支撑起了小米手机，便宜实惠的锤子手机也有类似的广大用户群体。这几家手机品牌的价格差异与产品理念差异，决定了他们的目标客户群的不同。在企业进行推广时，无论采取何种方式都应认清自己的目标客户群。

最后，创业企业推广背后的逻辑是：向目标人群进行推广，而不是人越多越好。如果企业无法清晰地认识到它的目标人群，那么任何推广手段，都是无法保障企业长远发展的。

3.6 创业资金从哪来？

本节主要内容有：

1. 创业融资的过程及渠道；
2. 各类融资方式的优缺点；
3. 中国青年和大学生创业的特殊融资渠道；

4. 创业融资需要注意的问题。

如果你已经组建了创业团队，也基本明确了创业项目，那么接下来，创业者，特别是青年或者学生创业者们，第一次创业所面临的最大挑战，就是钱从哪里来？这就是所谓的创业融资。

我们将从三个部分来分析创业融资的过程、渠道以及各种方式的优缺点。第一部分，融资前的准备，首先创业者得知道自己创业需要多少钱，也就是确定了创业融资的目标金额，这和后继选择怎样的融资方式密切相关，因为不同的渠道能提供的资金量区别很大；第二部分，介绍目前一些创业资金的主要来源渠道以及不同渠道的优缺点，创业融资是一个动态匹配的过程，一方面是根据自己创业的需要确定优选的融资方式，另一方面，也需要换位思考，反过来了解这些创业投资渠道对你的创业项目又有什么样的要求，之后根据创业阶段、创业项目的行业特点、资金需求量以及需要付出的代价等方面，综合考虑分析、判断哪一种创业融资渠道最适合；第三部分，简要说明创业融资过程中一些注意事项。

创业融资时的第一个问题就是你需要找多少钱，也就是你的创业需要多少启动资金。这个问题既是创业者本身需要想明白的，也是随后通过任何一个方式融资都必须回答投资人的。因为无论是政府部门的资助计划还是天使基金，所有人都会关心你需要多少钱，以及你拿到这笔创业融资以后将要怎么花、做什么、如何壮大你的企业。

专栏3-1

确定融资金额

不要提出不切实际的巨大数字！在确定融资金额的过程中，大家不要盲目提出一个不切实际的巨大数字，特别是近几年一些互联网项目有点浮夸，动不动就号称我要打造一个独角兽企业，或者说是初创的项目就已经估值达到几千万。实际上作为一个认真的创业者，究竟需要多少资金量不是靠讲故事吹出来的，而是根据你自己的创业项目的实际需要估算出来的。

不同行业、不同类型、不同阶段的创业项目资金需求的区别很大。究竟应该如何来进行这样的估算呢？

要从创业成本方面进行基本估算。所有创业公司都有一些固定支出，例如涉及办公场地的租金、水电和物业费用，以及办公设备、耗材等成本。也有一些成本与你的项目特点相关：如果你是做一个互联网公司，可能会涉及服务器、存储空间、网络带宽等的租用及维护；如果你是做硬件的创业者，那么产品的生产成本、加工制作、材料损耗等就是你的主要成本；再或者你是服务业创业者，那么招聘的服务人员就是最大的财务支出。创业成本中还有一部分与业务经营和拓展有极大关系，例如创业公司需要必要的市场推广，即便初创企业推送一些新媒体的软文、参加一些展会、拜访一些客户，涉及的文案设计、材料制作、差旅交通等也是很大的支出。

专栏3-2

创业成本测算要小心

在创业成本的测算中，需要提醒创业者，特别是初次创业的青年或者学生，很多的费用成本是初创企业想不到的，容易少算。如何控制现金流是初次创业者的主要问题，甚至创业失败的主要原因之一。所谓"不当家不知柴米贵"，创业者多数是专业领域人才，在自己的技术领域或者营销设计上或有专长，但是对统筹公司财务方面却不娴熟，不少创业者存在一些财务上的未预计支出。例如人员方面，如果你打算年薪10万元招聘一个员工，你知道公司实际应该准备多少钱吗？加上四险一金的话，这个数字将会达到至少15万元，也就是说要多出50%左右，这么大的比例可能是很多初次创业者事先没有想到的；再例如另一个容易被忽视的问题就是，产品囤积和损坏、货款的结算延迟，甚至是坏账等，有些初次创业者缺少实际企业运营经验，会按照一个理想状态进行估计，对退换货、业务纠纷、产品的遗失和损坏等等考虑不足，都会导致资金链的紧张甚至断裂。

融资需求也需要从**创业发展的角度预留空间**，你估算的这个融资金额不能只看眼前，还应该能够支持你未来一个阶段的发展。这个阶段多久呢，通常可以考虑在18个月左右，这是比较理想的一个时间，也就是说融资的目标是足够你未来一年半左右发展的花销。这段时间你是不是要扩大办公室，需要新增多少工程师或者销售人员，需要多少市场营销的费用、多少产品试制和研发的费用等，要预留出一个合理的增长和扩张需要。

以上这样测算融资需求的过程，对创业者和核心团队而言，需要做到心中有数，因为后续创业确实需要合理的支出安排，控制现金流；同时，无论和哪一个融资渠道进行沟通，也都更有说服力，表明不是胡乱要价，拿到你的钱以后，已经有了整体计划，会合理用在创业的核心业务上，这对于融资成功是非常重要的。

专栏3-3

创业融资的周期和轮次的基本概念

一般情况下，创业融资以18个月为一个周期来估算。创业融资基本上都不是一步到位的，而是根据创业企业的发展阶段和实际的资金需求分轮次进行融资的，这也就是大家经常听到的所谓种子轮、天使轮、A轮及IPO前融资等提法的原因。这种分轮次融资对创业者和投资人都有好处，创业者能比较好地控制公司，投资人也能逐步加大投资金额，从而控制投资风险。每个轮次间隔通常是18~24个月比较恰当。间隔太短不行，融资只够一年发展，那可能你的这次融资刚刚到位没过几个月，就得找下一轮投资，创业者没有办法把精力集中在产品和服务的改进以及拓展市场；融资的过程也不可能太长，一次性融资够花3、5年的，这也不太现实，因为创业是一个变化很快而且充满风险的过程，对于太久远的三年甚至五年以后，我们很难做一个比较精确的估算。特别是项目早期失败率高，投资人也无法判断和把握，所以也会倾向于逐步的、分阶段的投资。

> **专栏3-4**
>
> ### 融资计划的提前量
>
> 需要提醒各位创业者，融资过程中大家要注意提前量，并不是你今天见了投资人，明天就能打款到账。根据经验，从开始接触投资人或者投资机构，发出融资意向、接触洽谈项目和融资细节，到实际资金到位，平均时间是6个月左右。也就是说你的现金流一定要保证这6个月还是充裕的，否则下一轮的钱还没到位，自己的项目先就要关门了。

国际通用的最主要融资渠道主要有四个，这四个融资渠道的英文单词恰好都是以字母F开头，所以我们通常把它称为融资渠道的4F。

第一个F——Founder，创始人。创始人或者联合创始人团队，也就是说创业者自己或者3~5个核心团队成员最好要有一定的投入。这对后续其他渠道的拓展大有帮助，一是有利于提升创始人团队的控制权和谈判议价的能力，二是在向其他投资人表明自己坚定创业的决心和态度，会对项目全力以赴，而不会"烧光投资人的钱拍屁股走人"。这个渠道的不足也很明显，即资金的数量不会太大，对于大学生或者毕业几年的青年创业者，能凑出几万到十几万已经很不错了，所以有一部分创业者需要工作一段时间才创业，既能学习行业经验，同时也能积累创业的初始启动资金。

第二个F——Family，家庭，也就是转向你的家庭来进行求助，包括父母和长辈亲戚。这种渠道的好处是，支持通常比较无私。资助如果来自你的父母，显然不会急着催你还钱，或者需要你给他们很高的增值回报，还款的周期和方式都比较弹性、灵活，而且一旦支持你的创业项目，可能还会给你其他方面的理解和支持。这个渠道的不足也很明显，首先是父母或者长辈是否支持创业行动，如果他们希望你有一个稳定的工作，本身对创业行为就会不支持，这个时候如果要请他们提供启动资金，反对会更激烈；再者，除非来自富裕的家庭，否则通常这部分钱的额度也不会很大。

第三个 F——Friend，朋友。当你开始创业的时候，你的支持者可以说有钱的出钱，有力的出力，有一些人可能会成为你的联合创始人，大家一起来经营这个事业，但另外一些朋友可能并不方便和你一起创业，但是并不妨碍他可能会支持你的想法，也愿意在经济上给予一些相应的投入，这个过程和上面的家庭支持很相似，也有不同。例如作为同龄人的朋友可能会比父母等长辈更理解你的创业选择，同时朋友圈里可以选择的潜在人群也比家庭成员多些，每个人出一点，能够获取支持的总额可能会更多。

专栏3-5

个人情感与商业契约

需要特别注意，如果选择上面这三个F，都是和个人，而不是机构打交道，也就是说这不是个简单的市场行为，而是存在"人情"的问题。尤其是在中国的文化背景下，如果用上面三个方法找钱，要格外注意两点：第一，务必注意"亲兄弟明算账"，对这些资金支持的性质、还款方式必须做出书面的、正式的约定，切不可哥们义气、在酒桌上达成口头协议。首先，核心问题是资金性质，到底是股权还是债权，也就是朋友是为你的股东还是只是借方；如果是股权，那么要占用多少，何时退出，退出的溢价要求如何？如果是债权，那么什么时候需要归还，是否有利息，如何支付？事先的约定极为重要。第二，这些父母或者亲朋好友的融资，都存在风险底线，比如不要影响你的家庭成员的基本生活保障，对于家庭成员可能遇到的生病、意外事故等需要预留的一些抗风险的存款。同时，是需要关注意外的突发事件，例如借你钱的朋友原本觉得最近不用钱，可是突然家里有些事情急用钱，要抽回资金，这时候可能不仅仅是考虑契约关系。坚持按照借款约定的归还时间，还是说需要考虑了亲情友情，不得不提前归还。这对创业有什么影响，需要提前考虑清楚。总之，通过上面三个渠道获得的创业融资不仅是经济往来，还涉及人情世故，既有适合于创业的早期起步需要、对投资回报要求不高、对项目比较宽容等优点，也有牵扯人情世故、存在后面创业失败也伤害了朋友关系的风险，所以需要综合考虑。

第四个 F——Foolish，傻瓜的金子。这就是所谓创业天使投资，这是目前创业融资最主要，也是最重要的途径。但是虽说天使投资被称为"傻瓜的金子"，或者早期投资人被昵称为创业天使，但其实天使也不是大公无私或者盲目砸钱。既然是一种投资，就意味着对回报的期待，他们对创业项目的要求和回报也是非常明确的。由于涉及的内容比较多，也很重要，下一小节将专门阐述天使投资、创业投资的有关事项。

以上的四种渠道是比较通用的，也可以说是国际通用，在任何地方、任何时间创业都可以选择。

下面介绍四类针对中国国情特点、针对青年和大学生初创企业特点的特殊融资渠道。

第一，政府引导基金。各个地方政府在推进"双创"过程中，都有支持和鼓励青年或者大学生创业而设立的政府引导性基金和特殊扶持政策。例如在上海，有上海市大学生科技创业基金、觉群大学生创业基金等。由于政府引导基金的公益属性，通常采用不分红、不溢价退出的方式，是非常公益性的。他们设立的"雏鹰计划"或者"雄鹰计划"资助额度也能到 5 万～50 万元，资助金额、资助方式都非常适合青年学生的创业。现在各地都有类似计划，例如武汉的青桐计划等，大家可以查询自己所在城市的情况。

第二，高校资助。现在高校也非常支持学生创业，一般高校都设立了国家大学生创业训练计划、实践计划等，一些学校还接受校友捐赠设立自己的创业扶持基金，资助额度 1 万元起步，多的也可以到 10 万元左右，这对非常早期的创业项目也是不错的选择。现在很多针对学生的创业比赛也有奖金，积少成多，这些资金也能在初创之时解决燃眉之急。

第三，银行小额信贷。由于银行的风险管理规定，以前的企业贷款都是需要抵押物的，现在很多银行也愿意给一些初创企业提供小额贷款，对于一些小额贷款还可以没有抵押，同时采用低利息甚至无利息的优惠政策，有条件的话也可以关注。但整体来看，这个融资途径的要求和程序相对烦琐，初创企业使用得比较少。

第四，众筹。这是近年来出现的新融资方式。众筹方式不适合创业中的基本成本，例如众筹办公场地租金、众筹人员工资。众筹主要适合具体的产品或者服务，例如，众筹一个智能手表、众筹一件创意T恤等。众筹产品不仅筹集了生产成本，解决了创业企业垫付资金的压力，另一个潜在好处是，众筹实际上是确认了市场销售。也就是说，如果目标是众筹1000件衣服或者手表等产品，能众筹成功就意味着已经有了买家，不会出现卖不出去的情况。

以上的8个融资渠道各有利弊，我们可以从以下不同角度来分析异同。

第一，提供的创业资金的金额不同。无论是创始人本人及团队，还是你的家庭及朋友支持，通常而言，这个融资的金额不会很大，一般在几万元到十几万元，最多可能达到几十万元，政府的引导资金通常也是在这个区间里；而创业天使投资或者后面的创业投资则不同，这个额度弹性比较大，理论上它的钱是上不封顶的，可能从最初的个人天使的几万元、十几万元到后面上千万元。

第二，不同渠道对投资回报的期望或者说对于项目的期望也不同。如果家庭或者朋友给的借款，某种程度而言，并不期望能够发多少财或者说能够暴富，或许他们只希望自己的钱不要赔就可以了，你的经营压力可能会相对比较小一点。而创业天使投资，毫无疑问会更多地考虑所谓的投资回报率。他借给你的钱并不是一种无偿的资助，而是作为一种投资。他期望你的项目能够快速成长，最好是短期内能够有爆发式的增长。这样的话，作为投资人，他所占有的股份也就会随之增值，他能够以不同的形式退出获利，所以会对你项目的发展潜力、增长速度有比较高的期待和要求。这也是为什么近几年创业投资更多地支持周期短、爆发力强的互联网项目，而对其他经营周期长、复制和扩展性相对较弱的项目支持比较少的原因。简单举个例子，如果你想创建一家小公司，例如街角的一家零售商店，或是想开一家咖啡馆，那么要么去找银行贷款，要么向你的亲朋好友借钱才是比较现实的选择，创业天使投资一般不会有兴趣。

第三，是对创业项目的具体管理过程的介入程度不同。对于个人，例如亲戚朋友，以及政府引导基金、学校扶持资金，一般都是采用立项审核的方式，会对创业计划或者创业项目进行可行性的评估，但是一旦资助，不会介入具体的创业管理过程。也就是说只负责借钱给你，可能过程中偶尔会关心一下，最近创业是不是顺利、有没有什么困难，但是一般不会干预和介入创业经营管理。而天使投资或者是创业投资机构则不同，他们会在适当程度上介入创业过程的管理。他们会关注创业进展，因为这个和他们的投资回报有很大的关系。创业的一些重要决策，例如要不要新增某个产品、要不要拓展某个新的地区，他们都会关注。有一些投资机构会要求在公司的董事会里拥有席位和表决权，这个要求你是否能答应？

第四，退出方式和退出代价不同。通常政府的引导资金采用等额还款，也就是说不管你的创业企业做到多大，都按照最初给你的资助额度退出。学校里的一些资金，主要是从培养学生能力的角度考虑，某种程度上甚至可以说是无偿资助的，有些资助采用报销方式，相当于不用还了。家人、亲戚和朋友之间的借贷，要看最初的约定，如果创业成功，通常也能够给他们一个比较恰当的溢价回报，例如说借10万，两年后归还12万，基本高于银行的定期存款或理财产品的收益就可以，通常最高也就是15%~20%的固定回报。而风险投资机构则比较特殊，采用的是股权方式，也就是高风险高回报，如果你创业成功，他的股权价值和你的创业经营绩效是等比例增加的。如果最初投资你100万元，占有10%股份，那么你的公司估值是一千万，如果创业顺利，发展到估值一个亿，那么他占有的10%股份，就会由最初的100万元增值到1000万元。

专栏3-6

创业失败的资金清算与偿还

这里需要特别注意的是如果创业失败怎么办，此时各种融资渠道的区别就更加显著。政府和学校的有些资助是奖金性质，或者采用过程管理，通过报销费用的方式，那么也将会随着创业进程的结束而自然终止。对于银行贷款，则和个人信用有关，基本上要通过个人重新就业的工资或者其他借款归还。父母和亲戚朋友也是一样，可能还款的期限和方式可以变通，但是欠钱总是要还的。风险投资机构则比较特殊，如果创业失败，你的公司清算结业，那么他的投资也只能缩水。按照前面的案例等比例换算，例如公司按照100万元清算，那么他也就只能收回10万元了。这里只是简单换算，实际中，天使投资为了保护自己的利益，通常会要求设置优先清算权，也就是公司清算的残值要优先补偿天使投资人，后面才是创业者和团队的，这里不再展开介绍。

总体而言，来自创始人团队以及其家庭和朋友的借贷，通常金额不会太大，而风险相对比较低，同样对于创业项目的要求也比较低，主要是能够看它有一个良好的方向，并不要求很高的成长性。政府引导资金或者资助，一般比较公益，但是有一定的政策要求，例如，侧重于引导和扶持青年创业的基金对于创业者的年龄、毕业年限等有所要求，超过年龄或者毕业超过一定的年限，会认为你自己有其他的融资渠道和能力，不属于要重点帮助的对象。部分政策也有对于企业的工商注册地点所在行政区域提出要求，因为这对后面潜在的税收、带动本区域人员就业可能有一些好处。而创业天使投资金额比较高，过程基本市场化，不会牵扯到个人关系、情感等问题；但是同时，对于项目的发展前景、成长性要求比较高。所以，创业者要根据自己的创业项目的性质、所处的行业特点、处于的创业阶段、到底测算下来需要多少钱、自己愿意付出股权还是债权等，寻找一个恰当的平衡点。

专栏 3-7

融资组合

融资是一个综合过程，基本上不是单一渠道，而是一个融资组合。也就是说创业者和团队及朋友出一部分，再通过天使投资人或者创业投资机构融资一部分。类似买房子，自己要凑够首付，然后选择一些公积金贷款，再加上一部分商业贷款。

无论使用什么融资渠道，对创业者而言都需要有一些共同要求和注意事项。

首先，所有融资渠道都要求创业团队要专职、专心和专注。整个创始团队要能够全心投入创业过程，基本不会有人借给所谓的"兼职创业"，如果创始人说我还有一份工作，只是利用业余时间来创业，这是不可接受的，创业者自己都没有百分百的精力和时间去投入创业这件事，其他投资人怎么能够相信创业者会全力以赴地去争取成功呢？兼职创业，等于在说，你们是在资助我的业余爱好，成功了算我的，失败了大家承担，这毫无疑问不可接受。实际上，创业者自己投入的资金、时间和精力等越多，议价能力就越强。举例而言，在资金方面，如果创业者自己能够筹集到50万，那就意味着需要释放出去的股权比例就会越小；在创业项目准备方面，你的项目进展越大，例如已经有实际的合同或者销售，那意味着创业产品或服务已经得到了市场的检验，那这个时候在无论从哪个渠道融资，任何一个投资方都会对你的项目更加认可。

其次，要有一个明确的创业项目和创业团队。创业融资和创业计划比赛不一样，这不是用商业计划书虚拟创业过程，而是一个真刀真枪的创业过程。作为创业的真实融资，而并不是去"忽悠"或者"讲故事"。任何投资人一定会聚焦在你具体的创业项目和创业团队上，才能判断你的项目有没有潜力、有没有可行性，团队有没有执行力。总之是基于你具体项目和团队情况的判断，而不会投资一个所谓的好想法（Idea）。

第三，要有底线意识。所有的融资和找钱的过程，不要伤及自己和家庭的基本生活，例如父母的养老、看病等基本保障金；融资过程也不要通过一些非法手段，不能有违法律和基本道德，例如说一些非法的高利贷等。

3.7 天使投资人是真的"天使"么？

本节主要内容有：

1. 什么是天使投资人；
2. 天使投资是如何期待和要求创业者的；
3. 天使投资人看中怎样的创业者和创业项目；
4. 创业者与天使投资人交流需要注意什么。

在所有的创业融资渠道中，目前最重要、最普遍的一种就是天使投资或者创业投资。本节针对天使投资做一个深入的剖析。第一部分，谁是天使，他为什么要做创业天使？他真的如昵称这么大爱无私吗？只有了解了天使投资人是怎样的一群人、为什么要做天使投资，我们才会明白天使投资对创业者有什么帮助，又有什么诉求，进而明白创业者应该如何和天使投资人打交道。第二部分，天使投资、创业投资是如何期待和要求创业者的，也就是为什么天使投资人会投资一些项目，而不投资另外一些项目，天使投资人为何不是"博爱"的全部支持，而是"挑挑拣拣"，他们究竟看重什么样的创业者和创业项目？第三部分，创业者应该如何向天使投资人融资，和投资人、投资机构打交道的基本流程，以及过程当中需要注意哪些问题？

天使投资人是怎样一群人呢？

最初的天使投资人往往是一些功成名就的个人，例如事业有成的公司高管，有一定的财富积累，这时候他也需要考虑如何让自己的资产能够继续保值和增值。除了银行存款、购买房产、购买股票等方法，他会发现把一部分钱拿来投资一些有潜力的创业项目，回报率可能会更高，而且也更有成就感。如果创业者成功了，他们不仅有经济回报，还能成为善于识人的"伯乐"，达到名利双收的目的，所以愿意支持一些早期的创业项目。最初的天使投资就是特指这些个人投资者，这些投资人以个人资金为主要来源、专注创业者最初阶段、提供比较少额度的初创启动资金。由于他是在创业的最早期外部给创业者的第一桶金，创业项目可能只是处在一个大致想法、初步方案的阶段，而他们像是一个有爱心的天使来帮创业者实现梦想，所以就被形象地称为天使投资（Angle Fund）。

随着创业活动的日益活跃，创业项目不断增多，投资行为也越发活跃，现在天使投资这个概念已经泛化：一方面是从个人转向机构，另一方面是天使阶段的投资额度越来越大。

最初以个人为主的天使投资，近些年来逐渐演变成了机构行为。这里对天使投资基金的运作方式做一些解释。天使投资中经常出现的合伙人这个名词，创业者接触到的很多天使投资人实际上是指**一般合伙人**，他们的背后还有**有限合伙人**，也就是出资人。一般合伙人出面进行的天使投资实际上相当于在给背后的出资人理财，这些一般合伙人可能出资，也可能不出资、只出力，他们会具体负责看项目、选项目、投项目、跟踪项目以及退出项目获利。

专栏 3-8

天使投资基金的运行方式

与早期天使投资人的个人资本、业余投资等特点不同，现在的天使投资人逐渐机构化，有些有钱人自己没时间、没精力挑选创业项目，或者不太熟悉现在的新兴产业，没有这个领域的经验和能力判断创业项目的好坏，所以他们就只负责出资，例如十个人每人认缴一千万元，那么就形成了一个总额为一亿元的所谓私募天使投资基金，委托一些职业投资人进行项目的筛选和投资，那么这些只出钱、不具体管理的人叫作有限合伙人（LP），而具体运营基金、负责项目筛选和投资的合伙人是一般合伙人（GP）。

同时，天使投资的额度也越来越大。早期的天使投资大部分是美元资本，单个创业项目投资额度约在 5 万~10 万美元。现在天使轮的投资额度越来越高，基本上 100 万美元（约 600 万人民币）以下甚至更多一点的创业早期融资都可以笼统地称为天使投资，而为了区分，原来那些十几万元的更早期创业投资有时候被称为种子轮投资。总之，天使投资不是一个精确的概念，可以简单理解为比较关注早期创业项目，每个项目投资金额相对较小，同时也不太长期跟进、愿意通过其他投资者溢价回购股份而增值退出的投资统称为天使投资；而投资额度巨大，一般参与创业公司首次公开上市过程（IPO）、通过抛出股票获利的中后期投资则更习惯被叫作创业投资或者股权投资（Venture Capital，简称 VC，早期也有翻译成"风险投资"，内涵不够准确，不建议采用）。

如果理解了上述天使投资的含义，就会明白天使投资之所以投资创业项目，是把创业项目看作一个有潜力、有可能未来获得高额经济回报的增值产品，绝不是把钱白送给创业者，免费帮助你实现创业梦想，而是要通过参与创业者的创业过程，通过创业者的创业成功，换来自己等比例增长的经济回报。天使投资人或者创业投资基金，就是通过寻找有潜力的、有成长性的好的创业项目来最终获取收益，也就意味着天使资金有明确的投资回报要求。

首先，天使投资不是借贷，而通常是以占有股权的方式进行的。总体而言，天使轮的股份要求大致在10%~15%左右，因为后面还有Pre-A、A、B、C，每次融资都是要稀释股份的。其次，天使投资或者创业投资有明确的财务回报要求，就是希望通过创业者的创业成功来换取股份的等比例增值。例如，如果最初投资某项目100万元，占10%的股份，相当于此时的初创企业估值是1000万元，如果该创业企业发展非常好，产品或者服务受到市场欢迎，企业市场估值壮大到了1亿元，放大了10倍，那么天使投资人依然占企业10%的股份，而其价值就等比例放大10倍，这时候的10%就变成了1000万元。如果此时天使投资人愿意卖掉股份退出，那么下一轮的创投机构或者创始人团队自己就需要1000万元赎回。通过投资这个创业项目，这位天使投资人的100万元投入就变成了1000万元，有900万元的净回报，这就是天使投资的赚钱模式。第三，天使投资一般需要高回报率。因为创业是风险很大、失败率极高的行为，创业投资需要通过某些创业项目的巨大成功来提升总体投资回报率。继续分析上述投资的案例，如果创业项目失败，天使投资的100万元就会损失大部分。创业投资正所谓"高风险高回报"，虽然早期的项目失败率可能会很高，但是只要投中一家黑马企业，如果创业项目快速增长，那么按照上述计算可以看到，创业投资有可能有10倍的回报率，100万元投入带来净增值900万元，那么即便冲抵其他4~5个失败的投资项目，所获得的总体利润依然高于存银行或者基金、股票的收益率。这就是为什么天使投资人或者创投基金愿意冒着初创企业"九死一生"的高失败率风险进行创业投资的原因。

根据上面的分析，可以初步明白天使投资的运作过程和项目选择偏好。举个形象点的例子，如果你需要一个新年礼物，天使投资人绝对不会像圣诞老人一样把钱送给你；如果你想在街角开一家小咖啡店，作为朋友聚会场所，天使投资人也不会把钱送给你，他们不是爱心资助者，也不是免费圆梦的慈善家，而是需要通过投资获取回报。这也和上一章节的结论一致，创业者需要根据自己创业项目的特点选择适合的融资方式，而不能全都指望天使投资。天使投资有自己的筛选倾向，不是所有的项目都能获得天使的青睐。

接下来介绍接触天使投资人和创投机构的基本流程及过程中一些注意事项。实际上，创业融资和投资就是一个硬币的两面，对创业者是融资，对天使是投资，所以寻找天使投资的过程，就是创业者和投资人双向选择、双向磨合的过程，或者更直白一些，是一个双向博弈的过程。

第一阶段，如何接触或者遇到投资人。早期这个过程比较难，需要实地拜访，例如位于美国硅谷的斯坦福大学旁边有一条山丘路，因为主要的创业投资机构和天使投资基金都在这条街上有办公室，所以也被称作创投一条街。而现在的信息时代这个过程就变得容易多了，线上线下的渠道都很多。例如大部分的天使投资基金和创投基金都有自己的网站，会介绍自己的基金特色，并且留有电子邮箱地址，只要按照要求投递商业计划书就可以。同时现在有很多创投论坛、比赛、沙龙等活动，经常会有创业项目的现场路演机会，可以直接接触到天使投资人。

专栏3-9

接触天使投资的数量不是多多益善

创业者不是联系的创业投资机构越多越好，这和求职投简历一样，不在乎数量，而是要关注和自身的匹配度。投资圈子也并不是很大，投资人之间也有接触和交流，如果大家在各处都看到同一个项目，印象可能反而不好；同时，盲目海投的效率也很低，对创业者也是精力的损失。较好的接触方式是，先做一些准备性的工作，了解投资偏好。所谓的投资偏好就是不同的基金，因为合伙人的背景和专长不同，关注的项目行业、项目阶段等有所不同。例如有些天使基金专门聚焦互联网、人工智能或者大数据方面的创业项目，而另外一个基金则专注医疗健康、环保产业或者新材料等；有的基金偏好早期项目，短平快的投资和退出，另外一些基金则喜欢后期成熟的项目，偏好上市前的投资。总之，每一个基金所擅长的领域不同、投资阶段也不同，需要了解一下不同创投基金的投资偏好，也就是这个基金对什么样的项目有兴趣，过去投过哪些领域的、什么阶段的项目，才能有的放矢，少做无用功。

天使投资接触中最好的办法是通过熟人的引荐。现在创业项目数量大幅度增长，一些知名投资人或者投资机构收到的创业计划可能数量非常多，在这种情况下，如果创业者能获得师长、朋友或者其他人员的推荐，那么从大量创业项目中得到优先和重点关注的概率会大大提升。

第二阶段，双方的初步接洽阶段。如果投资机构对创业项目初步表示出兴趣，一般会约创业者和团队成员面谈，详细地了解、沟通创业计划的细节，例如具体的客户群体、盈利模式、基本的财务状况分析，企业的核心竞争能力等。然后通过进一步深入沟通，详细了解你的项目，接触你的核心团队成员，判断创业成功的可能性，同时双方也会就投资金额、所占股份比例、董事席位等进行初步商谈。

第三阶段，签署投资意向书。如果双方能够达成一个基本共识，初步达成融资意向，那么会签署所谓的投资意向书（Term Sheet）。这是一个关键的阶段成果，基本上投资意向书的签署，就意味着进入和深入洽谈，朝着促成最终融资的方向迈进了一大步。这时候天使基金可能也要投入更多的精力深入调研你的项目，也就是开展所谓的尽职调查（Due Diligence）。创业计划或者项目中的产品和服务到底是否真实，所提供的一些潜在合作伙伴或者客户是否真实存在，创业者给出的一些产品性能指标是否真的能实现，核心团队是否都已经到位等等，都是核实的重点。通过尽职调查，投资人尽可能地确认创业项目的实际情况，提高创业成功的可能，降低投资风险。如果通过了这个阶段，并且大家在公司估值、融资金额等关键问题上谈妥、达成协议，那么接下来就是把上述约定落实成正式的法律文件，逐步完成融资程序，并打款给创业者。

专栏3-10

创业者如何选择投资人

如果创业者很幸运，创业项目确实很好，得到了多家投资机构的青睐，翻转成创业者挑选天使投资又如何呢？是不是谁给的钱多就选谁呢？我们需要特别提醒，天使投资带给创业者的是资源，而不仅仅是资金。换句话说，好的天使投资能带给你的不仅仅是钱，大家选择创业投资的时候要注意关注除资金以外的其他附加资源或者价值，这些潜在的资源统称投后服务，是现在众多天使投资品质高低的关键区别，一些知名投资机构带给创业者的附加资源甚至比钱更重要。例如名誉和名声，初创企业起步阶段自身一般都比较弱小，缺失知名度，在人才招聘、拓展市场等方面很有难度，这时候如果被某个知名投资机构投资，有很大的品牌背书作用。也就是虽然大家不熟悉创业者和团队，但是想想这是某个知名投资人或者机构看好和投资的项目，应该有潜力。有些创投机构把这样的站台和撑腰作为重要的服务内容，帮助创业企业发展和成长，例如红杉资本组织投资后企业的校园招聘，以红杉资本的强大品牌为创业企业背书，虽然初创企业没有知名度，但是红杉资本的注资在一定程度上佐证了这些创业企业的行业前景和企业实力，这种"站台"弥补了初创企业知名度低的短板，成为最重要的增值服务之一，也是红杉资本等能超越其他投资机构的重要"投后服务"。还有一些天使基金拥有媒体资源和客户资源，也愿意在自己参加各种公开活动时候帮助自己投资的项目宣传和推介，想办法帮助创业企业成长，例如介绍潜在客户，帮助拓展市场，撮合一些合作等。实力越强的机构，这些上下游的产业资源就越多，对创业者的帮助也就越大，这些都是优秀天使基金的附加价值。显然，越是有名和有实力的投资机构，接到的项目申请也越多，他们对创业项目的筛选越严，要求也更高。

到目前为止，似乎创业者和投资人是非常志同道合的，利益也是相互捆绑的，希望一个出钱、一个出力，通过资本和能力的结合让创业项目取得成功，从而能各自分成、获利。这似乎是一个双赢的结果，但事实上是没有这么顺利。虽然投资人与创业者的大目标是一致的，齐心协力让创业项目成功的共同愿景是促成创业融资的最大公约数，但同时现实操作中也有不少矛盾问题需要关注和解决。

创业案例 3-11

俏江南风波：谁不满意谁？

创业者与投资人的关系是一对天然的矛盾体，他们如何将最开始合作时的"情意"维持到最后，而不是摩擦产生"敌意"？

2011年8月，俏江南创始人张兰接受媒体采访时称，"引进鼎晖是俏江南最大的失误，毫无意义。民营企业家交学费呗"，"他们什么也没给我们带来，那么少的钱稀释了那么大的股份"，"经济已经出现复苏迹象时钱还没完全到账"。

张兰说，她早就想清退这笔投资，但鼎晖要求翻倍回报，双方没有谈拢。

"他们一直在吵架。"一位熟知鼎晖投资俏江南交易的知情人表示，"某种程度上，鼎晖认为他们陷入了陷阱"，主要原因是"张兰当初放下的豪言均未实现，伦敦、米兰、台湾开店的事情未见结果，鼎晖对于俏江南的业绩增长不认可，而且第二次上会又遭否定，证监会都不给意见。自从 A 股上市遇阻以后，俏江南反而认为自己不着急了，所以对于'世界级'的扩张计划更是不再提起，但从投资人的角度而言，鼎晖肯定要着急了。"上述知情人透露，"双方一直不和，坊间有各种传闻，据说张兰认为那么一点钱，没帮上什么忙，还想有话语权？"

反目的案例不止俏江南一个，成功的案例中又有什么启示？ 投资人阚治东认为，每次投资都像与企业谈恋爱，如果谈得好，会演绎出一场风花雪月的故事，如果谈不好，双方都会黯然神伤。

首先，融资金额和占股比例的分歧。作为创业者，就是以最小的股份代价来换取最多的投资金额才最划算；而作为创投一方，则刚好相反，以最小的资金投入获取最大的股权比例最为划算，未来的投资回报率最高，所以双方还是在"求大同"的过程中会"存小异"，公司到底值多少钱，天使或者创投投入的金额到底值多少股份，需要双方不断博弈、反复协商、讨价还价。

第二，在企业的控制权或者经营决策权上的分歧。一般意义上，股权最主要的是一种经济上的收益权，同时还有另外一层的含义就是对企业的控制权。通常，股权的比例和企业经营的控制权、话语权是等比例的，而如何来保证初创企业的成功，初创企业应该朝着什么方向发展，可能每个人都有不同的见解，这时就必须约定，在创业融资后，创业企业的经营管理，特别是发展方向等重大战略决策上，究竟由创业者还是投资人说了算。这个问题在早期创业公司很小，或者是天使投资阶段一般问题还不大，通常天使投资人只会阶段性地关心创业进展，不会深入创业公司管理，因为他投资的项目可能也比较多，管不过来。但是后面的每一次融资，此前的创业者及团队，以及前面的天使投资或者创投机构股权都会被后来者稀释，随着创始团队股权比例的降低，而后来一些投资机构占有的股权增加，董事会里的席位也可能更多地被投资机构代表占据，未来在公司的一些重大决策上如果按照一般的股权比例规则,很有可能让创业者失去主导权,也就是失去了对公司的控制权,这方面也需要提前考虑。这类情况越来越多,在强势资本面前如何保持创业者团队的话语权?现在有些公司采用了 AB 股的约定方式,简单地说就是把股份所代表的利益分配比例和创业公司的事务决策权分开,也可以理解为一种杠杆比例,创始团队虽然占的股份不高,却会以一定的杠杆比例来保持更高的决策权。这样既满足了投资人需要的经济利益回报比例要求,又保留了创始人团队对经营决策这些具体事务的管理权限,而不会受到更多的资本方的牵扯,提高公司经营的决策效率。

专栏 3-11

对赌协议

　　天使投资和创业投资领域还有一个大家经常会听到的现象——对赌。这个词大家可能耳熟能详,在一些关于创业的新闻报道里面听到过,某某创业团队与资本方对赌失败,失去了公司的控制权等,这究竟是怎么一回事?"对赌协议"和天使投资一样,也是个外来词语,但所涉及问题其实和赌博无关。对赌协议的原意是"估值调整机制"(Valuation Adjustment Mechanism,VAM),这个原意更能体现其本质含义。在创业融资中的对赌协议,可以理解为创业者和投资人为激励创业企业加速发展而设立的一种特殊激励约定。前面看到,创业投资希望尽早从创业者的成功中获利退出,期望创业者能加速发展,能够尽快达到一些创业成就,有利于这些早期的投资者及时退出,从而缩短了投资周期,提高天使投资基金或者创投基金的效率。为此,他们想出一个激励措施,那就是和创业团队签一个附加约定,如果创业者能提前超额完成约定的创业绩效指标,例如销售额、市场占有率或者有效用户数等关键指标,那么投资人愿意降低自己所占的股权比例。举例来说,如果第一年里双方期望的基本利润是 1000 万元,天使投资会要求占到 10% 股份,为了让创业者更努力,天使投资承诺,如果第一年超额完成任务,直接做到了 2000 万元,那他愿意把 3% 的股份还给创业者,只占 7%。很显然,因为利润总额增加了,所以天使投资 7% 股权对应的收益比 1000 万元的 10% 所对应的收益实际还多,能够尽快地获取高额投资回报率,而创业者则保留了更多股份。但是,如果创业者没能做到2000万元这个附加条件呢？那么反过来，创业者可能要额外再给天使机构3%。这里只是一个简化的例子，实际会很复杂。对赌协议本意是想激励创业者更加努力，早日达到一些阶段性成效，对创业者和投资人都有好处，可事实上，对赌协议没那么容易，这种加速有可能会伤害企业的长远发展。为了达到对赌协议约定的目标，创业者可能会扭曲企业的正常经营，催熟企业。同时，如果对赌目标设立得过高，会给创业团队带来了太大的经营压力，连续超负荷工作等。所以创业者需要根据自己的实际情况来进行相应判断，对所在行业增长和自己创业的节奏有一个真实准确的预期和判断。总体而言，不建议初创企业在创业融资时进行对赌操作。

最后，创业者在融资过程中有两个重要提示：

第一，融资过程中的保密意识。无论是项目路演还是与天使投资谈判，过程中创业者需要有保密意识。创业项目的一些核心竞争力如何披露，需要注意场合、注意接触阶段。在深入洽谈以后，作为天使投资人，有权利知道一些核心指标，例如产品的性能，因为需要对市场上的同类产品的竞争力进行比较，做出判断，同时这些投资人也有义务保守创业者的商业秘密。特别是在开始阶段，如果通过网络投递或者是一些公开场合的项目路演，核心业务、核心数据应该表达到什么程度，要有一个判断和把握。

第二，融资后的创业意识。请注意，创业融资是一种投资，或者可以理解为生产资料，是用来支持创业企业继续发展壮大的，而不是奖金或者盈利。近来有一种不良倾向，有的创业者似乎把融资当成一种盈利模式，把创业企业融资得到的钱当成一种利润，把融资成功看作是创业成功，一看到某某创业企业获得A轮或者B轮融资几千万元，似乎是说这个创业公司有了这么多净利润。如果创业者把风投资金看作是一种"获利"，而不是一种"投资"，觉得这笔投资已经是自己的了，而且无论怎么花都行，那么这种想法是不健康的，这样对创业发展十分有害。创业者应该珍惜来之不易的融资，将资金合理的用在业务拓展、产品或服务优化、人力资源补充等方面，加快创业项目的发展，实现创业者和投资人的双赢。

思考题

1. 什么是公司治理？
2. "先好好做事情，等事情做好了再谈股权"这样的说法从创业团队股权设计的角度来说是否合理？
3. 在考虑股权这个蛋糕怎么切的时候，需要考虑到哪些人？
4. 随着创业企业不断成长，股权的价值越来越大，给出去容易，拿回来困难异常，提前预留极为必要，那么，股权应如何预留？预留多少？
5. 创业者选择创业合伙人最重要的原则是什么？（   ）

   A. 兄弟感情   B. 情怀初心   C. 德行人品   D. 基于关系讲规则

6. 创始人和其他创业合伙人最有可能在什么阶段开诚布公地友好协商股权架构设计和股权分配问题？（   ）

   A. 创业企业初创期   B. 创业企业成长期
   C. 创业企业成熟期   D. 创业企业衰退期
   E. 创业企业 ABC 轮融资引入外部投资者的时候
   F. 创业企业 IPO 的时候

7. 创业企业股权架构设计的基本原则有哪些？（   ）

   A. 公平原则   B. 效率原则   C. 控制原则   D. 资本运作
   E. 避免均等   F. 动态原则

8. 对于后续加入、中途加入的合伙人，需要通过法律文件明确哪些内容？（   ）

   A. 联合创始人的具体待遇
   B. 待遇相关条款生效的前提条件
   C. 待遇相关条款生效的时间（绑定安排、动态性）
   D. 联合创始人退出的机制安排

9. 创始人可以通过不给其他创始人股权的方式保证自己控制权吗？
10. 什么情况下创始人会被自己创立的公司踢出局？
11. 创始人持股67%会拥有哪些权力？
12. 假定 A、B、C、D、E 公司注册资本（股本）均为 100 万元，终极控股股东

A 公司（或自然人）控股 B 公司 50%，B 公司控股 C 公司 50%，C 公司控股 D 公司 50%，D 公司再控股 E 公司 50%。如此，终极控股股东 A 公司（或自然人）在 E 公司中控制权或投票权为：（ ）

A. 6.25%　　　B. 12.5%　　　C. 25%　　　D. 50%

终极控股股东 A 公司（或自然人）实际投入 E 公司的现金为：（ ）

A. 6.25 万元　B. 12.5 万元　C. 25 万元　　D. 50 万元

13. 以下哪些属于股份代持协议可能存在的风险？（ ）

A. 代持人（自然人）的风险　　B. 对外的法律效力

C. 负债的处理　　　　　　　　D. 变更注册的困难

E. 税收问题　　　　　　　　　F. 法律纠纷的风险

小练习

1. 选择 5 家天使投资或者创业投资机构，搜寻他们的有关信息和投资项目，归纳、对比、分析 5 家机构的投资偏好。

2. 如何构建动态股权治理平台在创业企业内部引入市场机制促进合理竞争、实现重要利益相关者的激励相容？

    要点：在公司内部实行动态的股权流转设置、设计股份绑定机制促进激励相容、引入与华为类似的动态配股增发机制、基于公司业绩表现实施与华为类似的动态分红制度。

3. 蚂蚁金服的两大股东为杭州君澳投资有限合伙企业和杭州君瀚投资有限合伙企业（马云出资 2000 万元，是君瀚的有限合伙人之一）。而控制这两家合伙企业的普通合伙人是马云个人独资 1010 万元控制的杭州云铂投资公司。马云通过"有限合伙"企业的形式，只用了 3010 万元就控制了估值 4200 亿元的蚂蚁金服。

问题：

（1）请计算马云在蚂蚁金服中所拥有的控制权比例及其稀释空间（假定绝对控制 66.67%，相对控制 50.01%）。

（2）马云个人独资 1010 万元控制的杭州云铂投资咨询有限公司可能会存在什么

样的风险，如何规避？

（3）马云如何进一步增大其在蚂蚁金服中控制权的稀释空间？

4. 请测算，在你所在城市，运行一个公司的官方网站每年需要多少费用？

5. 某大学生创业团队，拟以开发手机 App 和网页为主营业务，试分析在项目的起步阶段，哪些融资方式最适合该团队。

6. 如果创业者同时获得两家机构的投资意向，金额和投后服务也基本一致，创业者应该选择一家机构合作来简化股权结构，还是选择两家机构来分散风险？

第4章
创业方法论

4.1 什么是精益创业？

本节主要内容有：

1. 精益创业的提出背景；

2. 精益创业的步骤；

3. 精益创业的理论基础；

4. 精益创业的实战案例；

5. 精益创业的五大原则；

6. 最小可行产品的验证方法；

7. 精益创业画布。

这是个大变革的时代，也是高度不确定的时代。产品生命周期越来越短，不确定性越来越明显。近年来，出现了越来越多的跨界颠覆式创新，例如2007年乔布斯推出的第一代iPhone，就是跨界颠覆式创新，之前乔布斯从来没有做过手机；同样，2011年雷军推出小米手机也是跨界创新，他之前做的是金山软件而不是手机。

近年来，以硅谷为代表，掀起了一场精益创业运动。精益创业的概念最早由硅谷创业者埃里克·莱斯（Eric Rise）2012年在《精益创业》中提出，这个概念是受到另一位硅谷创业教父史蒂夫·布兰克的《四步创业法》影响而诞生的。史蒂夫不仅是"硅谷创业教父"，也是"精益创业之父"，其代表作有《四步创业法》《创业者手册》。

精益创业的核心思想是最快速度推出一个最小可行产品（Minimum Viable Product，MVP），然后进行不断地学习，通过有价值的客户反馈对产品进行快速迭代优化以适应市场。

精益创业对创新创业有非常大的实用价值。它无法保证创业成功，但是能够实现快速低成本试错，提高创业的成功率。

以前传统的创业模式是"火箭发射式"创业，公司以自我为中心，而不是以用户为中心，传统创业往往开始于公司领导或者天才人物的构想。他们认为创业环境是高度可控的，创业的各类参数是高度确定的，未来也能够准确地预测和分析。在这种情况下，创业者只需要根据原来的目标制订详细的计划，执行和优化即可。例如，明年5月1日准备发射一颗新卫星，我们只需按照时间倒推，按部就班地完成各项工作即可。这种"火箭发射式"创业的环境是高度确定的，然而现实生活中，我们面临的创业环境充满着各种不确定因素，无法预测未来几年后甚至一两年内会是什么样子。"微信之父"张小龙也无法知道一年之后微信会变成什么样，微信的新功能都是在用户的不断反馈中迭代出来的，而不是他自己提前规划出来的。

近年来，黑天鹅事件层出不穷，2016年美国总统投票选举之前，大多数主流媒体，甚至相当多的老百姓都没有准确预测特朗普会成为新一任的美国总统。正是由于环境的不确定性，使得精益创业成为一种迫切的需求。

创业案例 4—1

Webvan 的失败

硅谷曾经有一家非常知名的创业公司 Webvan，创办于 1996 年，是一家概念非常超前的生鲜果蔬公司。早在 20 年前，它就采用了"线上下单，线下配送"的业务模式，并且拥有自己先进的物流仓储配送系统，配送新鲜的果蔬和杂货，这在当时是非常先进的理念。这家公司于 1996 年 12 月成立，因为理念非常超前，很受风险投资的追捧，成立两个月就有风险投资跟进，1997 年风险投资投入第一笔钱，经过两年的研发，第一个仓储市场于 1999 年全面上线，一个月之后开始接受第一笔订单，这个时候 Webvan 才开始和用户产生第一次亲密接触。也就是说经过两年的研发之后，Webvan 才和用户接触。Webvan 的仓储系统 1999 年建成

㊀ 节选改编自：龚焱．精益创业方法论：新创企业的成长模式[M]．北京：机械工业出版社，2015。

于旧金山,可以覆盖整个旧金山方圆 100km 的范围,仅这一个仓储系统就投入了 4000 万美元,其中各种线路花费 500 万美元;1999 年 Webvan 还签署了一个 10 亿美元的合约,计划把仓储系统在全美几十个城市复制。1999 年 8 月,这家公司成功上市,受到资本市场追捧,市值最高达到了 80 亿美元,是一个超级独角兽。但这家公司的命运也极具戏剧性,在运行了两年之后,2001 年 7 月这家公司宣告破产。破产的原因虽然有互联网泡沫的客观影响,但从自身角度来说,这家公司在没有达到盈亏平衡点之前就已经覆盖到了 33 个城市。Webvan 这种火箭发射式创业思维存在着一个巨大的缺陷:在整个创业过程中,缺乏持续的反馈、试错和验证,而把所有的赌注都集中在最后按下按钮的那一刻。但是在创业过程中,如果等到按下按钮的那一刻,一切可能都太迟了。

7 年之后,亚马逊在 Webvan 的废墟上建立了自己的生鲜业务,他们从前者的失败中吸取了三大教训:①要缓慢扩张;②仅配送到人口密度高的区域;③提高仓库的效率。这个例子能让大家体会到精益创业的重要性。

创业的产品是未知的,市场也是未知的,用户同样也是未知的,商业模式也没有经过验证。这种情况下如何以用户为中心进行低成本的试错,而不是以自我为中心,停留在自我的假设里,是创业公司成功的关键。现实情况往往计划从此岸到达彼岸(如图 4-1 所示),但执行的过程中可能无法到达彼岸,可能会经过 C 甚至最后到达了 D。

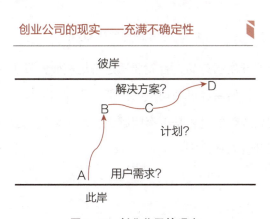

图 4-1 创业公司的现实

创业案例 4-2

Facebook

Facebook 现在已经成为世界上最大的社交网络，但马克·扎克伯格最早的时候并没有想要打造最大的社交网络。如果看过电影《社交网络》大家就会知道 Facebook 这家公司最早是怎样产生的。扎克伯格当时和女友吵架，一怒之下黑进哈佛的校园网调出一些女生的资料，放在网上让大家打分评选谁最漂亮，一夜之间使得哈佛的校园网崩溃了。根据用户的反馈，网站陆续增加了照片评选、个人主页、分享传播等功能。所以它最初只是报复女友的恶作剧，从谁更美的网站变成一个交友社交网络，从最开始源自哈佛校园到后来风靡整个常青藤名校之后到达东海岸高校，最后从西海岸、全美走向了全世界。Facebook 的发展过程就是不断迭代的过程，一开始的扎克伯格也没有想到未来会是这样。Facebook 是典型的精益创业的过程。

首先根据传统产品的引入模型来看一下精益创业的框架和步骤，如图 4-2 所示。

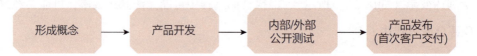

图 4-2　传统的产品引入模型[1]

如果一个大公司开发新产品，首先要通过市场调研，发现用户的痛点形成一个产品的概念或想法，然后经过公司组织内部的研究与开发，再经过测试，推向市场。这样看似逻辑顺畅的过程是否有问题呢？对于初创的公司来说，是否也可以经过这样的过程开发新产品呢？

---

[1] 史蒂夫·布兰克. 创业者手册 [M]. 北京：机械工业出版社，2014 年。

在传统的产品导入模式中，有两个隐含的假设，即用户痛点高度确定，解决方案也高度确定。而在精益创业的框架里，这两个假设根本就不存在（龚焱，2015）。

精益创业的产品开发和传统的大公司产品开发模型是不一样的，因为作为初创公司，其用户所在，商业模式和市场都没有经过验证。埃里克·莱斯在《精益创业》这本书中提出了精益创业的框架，包括如图4-3所示的四个步骤。

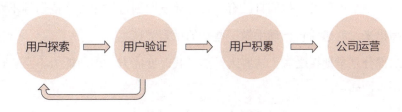

图4-3　精益创业逻辑框架

首先要进行用户探索：用户在哪里？谁是你的用户？然后进行用户验证。一般用户验证的方法是发放问卷，例如提问：对于发行新产品，用户是否敢于参与进去。很多人碍于面子会回答肯定，但严格来讲这不是真正的市场验证。所谓用户验证，是指用户对开发的产品是否真的愿意去使用，而且是否真的愿意为此付钱。这一部分是与传统的创业模式有区别的，也是精益创业非常重要的过程。如果用户验证这一部分没有通过，需要轴转（Pivot）回到第一步重新进行用户探索。轴转是客户开发的核心反馈机制，通过循环往复，我们不断获取和更新对产品和市场的认知，免除危机。精益创业对用户探索和用户验证两部分十分强调，只有这两部分都通过了才能进行后两部分，即用户积累和公司运营。这两部分与大公司的产品运营过程类似。初创公司必须做好重要的前两部分，但这恰恰也是许多创业公司最容易忽略的部分。

很多初创公司的失败是因为混淆了探索和执行，过早地执行了没有验证过的假设。他们误以为只要像大公司一样经过产品的概念开发推向市场，便一定会受到市场的欢迎，但其实他们没有经过用户探索和用户验证的过程，这一切往往只是他们自己的假设。

精益创业非常重要的一个理念是：再完美的商业计划也经不起和客户的第一次亲密接触（龚焱，2015）。精益创业特别强调了用户探索和用户验证的重要性。所以说，精益创业的关键是要走出办公室，去探索你的用户，去验证你的假设。

精益创业的理论基础有哪些？可以归纳为三大理论基础：

第一，跨越鸿沟。用户如何分类呢？美国的杰弗里·摩尔有一本书《跨越鸿沟》，在书中他将用户分成五大类（参见上章图3-10）。

第一部分是创新者，他们自己有迫切想要发明创造的冲动，他们等不及市场上新产品出来，就想要自己动手做一些新的探索尝试。

第二部分是早期接受者，这些人虽然自我改变能力、创新能力不强，但他们愿意尝试早期的产品。

第三部分是早期大规模用户，他们愿意在新产品早期进入市场时使用支持新产品。

还有一部分是后期大规模用户，往往选择在市场上发展了一定程度的、逐渐完善了的产品，他们在后期接受产品。

最后一种是落后者，他们是在市场上大多数人都使用了产品之后，而且确保没有任何问题之后，他们才可能会选择试用产品。

因此，如果市场调查的对象是落后者，是无法在他们身上找到有价值的信息的。但作为创业者，提早接触创新者和早期采用者，就会从中获得巨大的市场价值。这便是用户分类的意义。我们作为创业者应该找到用户中的创新者和早期采用者。

第二，领先用户。这是MIT冯·希伯尔教授提出的重要概念。

领先用户是指面临市场上的将要普及的新产品或新服务，一部分人在大多数人有这种需求的几个月或几年之前就有产品或服务需求。领先用户能够敏感地发现一些解决他们需求的方案，他们不能或不愿意等到新产品推出来，就自己主动地做一些探索和开发。如果能找到这样的用户进行产品开发，就会比竞争对手在时间上更具有领先性。

> **创业案例4-3**
>
> ### 小米的路由器开发之路
>
> 小米在开发路由器的时候，刚开始并没有很多经验，他们召集一些愿意试用的客户来试用他们的新产品。他们选择的并不是普通人，而是500名具有发烧特征的极客，愿意动手探索的用户。路由器的成本可能有几百元，但他们花一元就能申请到试用的资格。试用者必须每周对试用的情况进行反馈。小米通过一元公测的活动，从数十万上百万的用户里挑选出了500个具有极客精神的创新者，进行低成本测试。三轮测试之后，小米的路由器产品日趋完善，用户帮他们发现了大量的问题，也提出许多改进的意见。这个过程就是小米采用领先用户法解决早期的问题，这些问题可能是在实验室当中发现不了的。不仅如此，小米对于路由器其他功能的升级也进行了开放式的有奖征集，这一过程大大提升了小米新产品升级开发过程，也是非常好的用户探索和用户验证的过程，体现了精益创业的理念。

第三，颠覆式创新。颠覆式创新也叫破坏性创新，这是1997年哈佛商学院克莱顿·克里斯坦森教授提出来的创新理论，最早源自于他的书《创新者的窘境》，其中提到许多优秀的以管理著称的企业在技术和市场发生巨大变革的时候，突然丧失了领先地位。克莱顿·克里斯坦森教授的结论是良好的管理恰恰是导致这些企业衰败的原因。

> **创业案例4-4**
>
> ### 硅谷精益创业案例
>
> Dropbox，是一个做云存储的公司，现在国内用的云盘，最开始都是模仿Dropbox。在创业初期，Dropbox很难拿出一个完美的原型呈现给用户和投资人，但是当时做这样一个网站需要很多钱。在没有完全验证这个假设之前，一下子投入这么多钱，风险太大，投资人心有疑虑。他的创始人Drew Houston做

了一个 3 分钟的演示视频，放在公司的网站。 在演示中，介绍了这个产品有哪些功能。 这段演示视频放到网站上以后，在一夜之间，它的预订量从 5000 人增加到了 75000 人，很好地验证了市场对这一概念的接受程度。 因为有了这些预订，创始人有了非常大的信心，然后开始拿着这些数据去找投资人，很快获得了投资，然后 Dropbox 就迅速起步了。

创业案例 4-5

微信的迭代

微信的迭代其实就是精益创业的过程，也是精益创业的经典案例。

微信刚推出的时候，1.0 的版本只有三个基本的功能：发送消息、分享图片和设置头像，最开始就这么简单。 当时"微信之父"张小龙也没有想到未来微信会具有什么功能，成为什么样的社交软件。 从最开始的三个基本的功能，通过用户反馈不断地迭代，微信 2.0 增加了语音对讲的功能。 很多用户就是因为微信有语音对讲的功能而开始使用微信的。 后来，微信 3.0 有了摇一摇和漂流瓶的功能。 微信 3.5 可以扫描二维码。 微信 4.0 增加了朋友圈和相册，等等。 到了微信 5.0，开始有了微信游戏、微信红包等功能。 微信 6.0 增加了微信小视频。 可以看到，微信是不断迭代出来的。 张小龙自己也多次强调，"产品不是规划出来的，而是演化出来的"，他并没有想到微信在未来三到五年会发展成什么样子，而是根据用户的反馈不断迭代，小步快跑这样做出来的。

张小龙曾经提过，我永远不知道微信 6 个月以后是什么样子，因为互联网时代，最大的变化就是不确定性严重地压倒确定性，成为这个时代的常态。 在这种不确定性时代，没有人告诉你需要什么。 这就是现在做产品最大的痛点。 今天发布产品的 1.0 版本，不是为了把这个产品功能全部做得非常的完美和完善，而是产品一旦上线以后，马上丢给它的目标客户，听取他们的反馈，所有的反馈意见都会成为下一个产品的输出。 这是非常典型的精益创业的方法论。

同样，小米这些年来也在一直坚持精益创业的方法论。例如，小米的MIUI操作系统每周都会进行迭代改进。它每周有一个四格体验报告，面向测试版用户。在这个四格体验报告里面，你会看到本周最火的刷题更新是什么、最有爱的更新是什么、最不满意的更新是什么、更多的期待是什么。通过这样一个四格体验报告，你会清晰地看到产品是如何进行小步快跑快速迭代的。

精益创业也不只适用于互联网创业，对于各行各业而言，精益创业的方法论都是非常有价值的。例如，美剧往往都会先拍摄一个几十分钟的先导片，邀请一些比较有代表性的观众来进行小规模的试映，根据观众的反馈来决定剧情要不要做出修改，是否进行投拍。在每一季结束以后，制作方又可以根据用户反馈的意见讨论是否要进行下一季的拍摄，或者干脆就停止这个剧的拍摄。这种周拍季播的模式就把所有的选择权、决策权交给了观众，让制作方的投资以及失败的成本降到了最低，这是一个非常典型的精益创业方法论的应用。《纸牌屋》等很多美剧就是这样拍摄出来的。^㊀

创业案例4-6

顺丰嘿客

顺丰嘿客是顺丰公司旗下的一个线下便利店项目。虽然顺丰这几年发展得非常快，但是严格地说，我们认为从精益创业的角度来讲，顺丰嘿客是一个不成功的例子。2014年5月18日，全国518家嘿客店同时开业，一年之内扩张到全国3000多家店。如果按照每家店30万元的投入来算，至少已经投入了10亿元。开业一年以后，发现绝大多数店都是亏损的。为什么会这样呢？按照精益创业的理论来看，顺丰嘿客店违反了精益创业的原则，在他的商业假设还没有经过完全验证的情况下，就盲目地进行大规模的扩张，这是顺丰嘿客失败的一个非常重要的原因。

㊀ 莱斯（Eric Rise），精益创业 [M]．吴彤，译．北京：中信出版社，2012．

> 顺丰最开始的想法是非常好的：我原先一直是做快递的，我现在也想做O2O的电商，快递业+电商，本来这个逻辑是行得通的。但是逻辑上行得通，是不是实际上就行得通呢？按照精益创业的原则，大规模扩张之前要先进行一些小范围的验证。但是2014年5月18日，全国几百家店同时开业，顺丰对于嘿客店的想法过于自信，盲目扩张导致最终失败。后来，顺风的创始人王卫也曾经反思，"2014年是顺丰成立20多年以来创新变革最多的一年，虽然创新很多，但是在我看来，差不多有一半是不成功的。"

我们把精益创业的思想汇总为五大原则：

（1）用户导向：以用户为中心，而不是以自我为中心。

（2）行动导向：即使你的创业假设再好，如果不拿出最小的可行产品进行真正的用户探索和用户验证，那么你的验证也是不完整的。所以要行动起来，走出办公室，行动优先于认知。

（3）科学试错：我们有很多的方式可以试错，精益创业指导我们可以科学地试错，低成本地试错，避免我们在创业过程中犯同样的错误。

（4）目标可移：精益创业中，最初的商业计划书所描述的主营业务和创业方向，在做的过程中往往会产生一些偏离，这个时候是应该按照原来的想法继续前进，还是应该根据实际的用户进行调整呢？相信大家会做出明确的选择。精益创业中，我们的目标是可移的，以用户的真正需求为中心，而不一定盲目坚持最初我们假设的错误方向和目标。

（5）快速迭代：用最低的成本、最快的速度去迭代，这是一个充满不确定性的时代，变革速度超出以往，如果不进行快速迭代，很多时候会错过市场的时机，所以我们必须要快速迭代，即俗话说的"小步快跑"。

总结一下，首先拿出最小可行产品MVP，MVP和原先说的原型和概念测试不一样，MVP并非回答产品本身的设计或外观方面的问题，而是用于验证最基本的商业假设，不需要非常完美、漂亮，而只要能够有最基本的功能就行。其作用是验证用户是否真正需要这个产品，最理想的是面向天使用户、早期创新者和早期采用者，这些用户最有价值。精益的是创业的战略核心是：小步快跑，快速迭代，进行低成本的试错。

验证最小可行产品的方式：[一]

1. A/B 测试，即测试哪种更受用户的欢迎

例如开发两种版面分别面向用户看用户对哪种更感兴趣，这是一种常见的验证方式。或者在出书、投放广告时设计两种封面，看点击量和用户的喜好最终确定产品。这是非常简单的用户测试的方式。用户的点击情况有一些方法和工具来提供数据支持，很多平台都会有一些广告测试方法。

2. 众筹

众筹是检验新产品是否受市场欢迎的有效方式，且成本较低。例如在产品大规模量产之前，先测试产品是否真的受欢迎，将概念性样机之类放在众筹网站上看有多少人愿意出订金预订，这样的方式比做市场调查、问卷更有效，因为做问卷不需要成本和承诺，但是众筹需要用真金白银买单，是最直接的验证用户是否愿意为你的产品买单的方式。近年很多科技产品都选择通过众筹的方式引起顾客的注意。

3. Saas&Paas

Saas&Paas 这类软件机服务，可以进行低成本的用户测试。一开始不一定要做一个非常完善的 APP 或服务器，可以先利用 Saas 或 Paas 平台先做一些用户测试。

4. 社会化新媒体

近年来比较流行的方式，例如博客、微博、微信、公众号等方式，可以低成本地验证产品是否受欢迎。你可以在朋友圈中先晒出产品，或通过微信公众号发布产品信息，免费实现用户喜好程度的检测。这些是充分利用当前移动互联网时代的工具有效验证的方式。

5. 虚构的 MVP

这是指虚构的最小可行性产品。Eric Rise 在《精益创业》一书中提到，虚构

[一] 来源：闫恺，编译自 Christopher Bank，验证最小化可行产品（MVP）的 15 种方法，36 氪，http://36kr.com/p/217020.html2014/12/01。

的 MVP，就是在产品开发出来之前人工模拟真实的产品或服务，让消费者感觉他们在体验真实的产品，但是实际上产品背后的工作都是手工完成的。例如，鞋类电商 Zappos 刚刚起步时，创始人 Nick Swinmurn 把本地商店鞋子的照片放在网站上，来衡量人们在线购买鞋子的需求。当有人下单时，他再去把鞋买回来。这种方法虽然规模很小，但是让你能够在产品设计的关键阶段跟消费者保持良好的交流，了解消费者的一手信息，更快捷地发现和解决现实交易中消费者遇到的问题。

创业案例 4-7

Zappos

美国有一个鞋类电商 Zappos，最开始没有创建非常完善的卖鞋网站，其创始人如何验证是否有人愿意在网上买鞋呢？因为以前没有网购的习惯，消费者都希望在线下实际地看到鞋而且实际试穿后才会去买。因此他先上传线下鞋子的图片，测试点击量，如果有客户下单，他就会去线下买到该鞋邮寄给客户。这家公司就这样起步，并且于 2009 年以 12 亿美元卖给亚马逊。这家公司是虚构 MVP 验证假设进行精益创业的成功例子。

---

6. 贵宾式 MVP

例如提供中高端的定制化服务，通过全程跟踪，全天候地服务目标客户。这类贵宾式的服务也是进行深度用户测试和用户验证的方式。

7. 纸质原型

如果最开始没有资金做实物原型，可以运用纸板等可用的材料做出简单的原型，因为一些想法在构想中和在现实中是不一样的，做出来之后可以看到用户是否需要产品，之后可以再进行生产。

8. 单一功能的 MVP

即可以把最小可行性产品的功能分成几种具有单一功能的 MVP 进行分别测试。

9. 预售

例如 Oculus VR 设备，先通过发布预售信息来观测愿意购买的用户数量。小米公司在发布会到产品上市之前的一个月内，每周统计用户数量，例如小米 5 在产品上市之前已经有 1000 万用户预订产品，之后便可以根据具体数量进行生产下单。这也是低成本地验证最小可行产品的方式。

接下来介绍非常实用的精益创业工具——精益画布。

在《精益创业实战》这本书中，作者给出了一个非常实用的工具叫作精益画布。精益画布源自于我们以前听说过的商业模式画布⊖，根据精益创业的特点做了一些改进，叫作精益画布。我们将其分为九个模块。

这九个模块按顺序是：

①最需要解决的三个问题是什么？

②你的目标客户是谁？

③你的独特卖点是什么？用一句话来概括你的创业项目最让人关注的、最大的卖点是什么。例如，"怕上火，喝王老吉"，就是王老吉凉茶的卖点。

④你的解决方案是什么？你的产品最重要的三个功能是什么？

⑤你的推广渠道是什么？你如何去找到客户？

⑥你的收入分析和你的收入来源是哪些？你主要靠什么赚钱？

⑦你的成本结构是怎么样的？

⑧你的关键指标是哪些？你主要考核哪些方面？

⑨你的门槛是什么？你的核心竞争力和你的护城河是什么？

精益画布可以提供非常系统化、结构化的分析框架，使得创业团队在创业初期，对创业最基本的内容进行深层次的思考。这个比较适合创业团队进行头脑风暴、集思广益，在创业初期就把公司的定位、要做的事情、要解决的痛点、收入来源和成本结构等等这些非常重要的东西用一张图全部概括出来。

在《精益创业实战》这本书中，作者也举了一些例子。

⊖ 商业模式画布是一种用于设计商业模式的理论工具，参观《商业模式新生代》一书。

创业案例 4-8

精益画布实例——CloudFire 项目[一]

图 4-4 是 CloudFire 项目的实例。它的卖点就是能够以最快的速度分享图片和视频。共享大量的照片、视频是费时费力的,但用户没有太多的自由时间,而这些多媒体内容是亲朋好友所需要的,这些都是共享图片和视频现在存在的问题。如何解决这些问题,他们的创业团队使用精益画布进行了设计讨论,形成了有效的解决方案。如此结构化、系统化的精益画布,能够有助于创业团队在早期形成一些共识,知道自己最重要的事情是什么,明确自己的定位、需求痛点和关键性的问题。所以强烈建议要进行精益创业的创业团队一定要运用精益画布这样有效的方法工具。

问题	解决方案	独特卖点	门槛优势	客户群体分类
共享大量的照片、视频非常耗时 用户缺少自由时间 这些多媒体内容亲戚朋友很需要 现存的备选解决方案: Flickr Pro、SmugMug、Apple MobileMe 和 Facebook	随时分享,无需上传 整合iPhoto和文件夹 更好的通知系统 **关键指标** 获取:注册 激活:创建第一个相册 留客:共享相册或者视频 口碑:邀请朋友和家人来使用 收入:在试用之后付费	以最快的速度分享照片和视频 **简短宣言** 无需上传即可轻松分享照片和视频	社区 **渠道** 朋友 托儿所 生日聚会 AdWords Facebook 口口相传	父母(创建人) 家人和朋友(浏览人) **早期接纳者:** 家有婴幼儿的父母

成本分析	收入分析
服务器成本:Heroku平台(目前免费) 人力成本:40h×65美元/h =1万美元/月	30天免费试用,然后49美元/年 **收支平衡点:2000个客户**

图 4-4 精益画布实例—CloudFire 项目

[一] 资料来源于:Ash Maurya. 精益创业实战 [M]. 张玳,译. 2 版. 北京:图灵教育出版社,2013.

有了这样结构化、系统化的分析框架,大家对于精益创业会有基本的理解。虽然通过这些理论介绍我们有了初步的认识,但是最重要的还是学以致用,在实践中不断运用这些工具指导自己的创业过程。当然,精益创业不仅仅可以用于创业,它对于我们的工作生活都有非常大的启示。作为一个基本的方法论,它可以运用在各行各业中,给我们带来帮助。

4.2 什么是精益战略?

本节主要内容有:

1. 企业经营的外部环境;
2. 精益战略的四要素;
3. 企业的生命周期;
4. 精益战略的四阶段。

4.2.1 企业经营的外部环境

关于企业经营的外部环境,举例几组数字:

1920—1930 年间,美国标准普尔 90 指数公司的平均淘汰率为 1.5%,即平均每年有 2 家企业被淘汰出美国标准普尔指数。在那个年代,企业的经营是建立在连续性的假设上的,如果学过会计学知识,就知道其中有一个永续经营假设,就是说会计对于企业的核算是在企业一直经营的前提下的。1929 年发生了全球经济危机,随后又发生了第二次世界大战,世界政治和经济形势剧烈变化。到了 20 世纪末,永续经营假设受到了巨大的挑战。到了 1998 年标准普尔 90 指数的淘汰率接近 10%,即 500 家公司里每年被淘汰出 50 家,每家公司在榜的寿命减少到 10 年。

1973—1983 年,财富 1000 强排行榜的企业中有 350 家被挤出榜单,这一数字在 2003—2013 年变成了 712 家，有 1/3 的美国上市公司在五年内由于倒闭、清算和并购等原因退市，这一概率是 40 年前的 6 倍。

严谨的学术研究也发现了企业经营环境的动态性和不连续性。加拿大一项最近的研究表明，美国上市企业的绩效越来越受到动态因素和系统性因素的影响，学者通常把企业绩效差异的来源分到不同的层面，包括行业层面、公司层面和业务单元层面，同时还发现在美国 1979—1996 年的上市企业绩效差异的来源中，有 55% 来自静态因素，45% 来自动态因素。其中。"公司和行业交互"表明系统性因素的影响，所以动态性和系统性对企业绩效的影响贡献了接近 1/3。这个比例在随后发生了巨大的变化（见图 4-5）。例如在 2001 年的 911 事件之后，动态的和系统性的占比从之前的 43%一跃上升到了 67%，而这个研究发现 2012 年动态的和系统性的占比上升到 84%，这说明不确定性和不连续性成为企业外部环境的显著特征（见图 4-6）。

	方差来源	所占比例	小计
静态效应	公司层面（总部管理）	3.82%	55.08%
	行业层面（行业条件）	5.48%	
	公司和行业交互（是否入错行）	16.19%	
	业务单元层面（运营效率）	29.59%	
动态效应	跨期连续性变化及其交互（各层面）	11.17%	44.92% **61.17%**
	跨期不连续性变化及其交互（各层面）	33.74%	

图 4-5 美国上市企业绩效差异的来源（1979—1996）⊖

⊖ 参考：战略管理杂志（SMJ）2017 年第六期，《Demystifying Variance in Performance: A Longitudinal Multilevel Perspective》，郭广瑞。

方差来源	1981—1998	1982—1999	1983—2000	1984—2001		1986—2003	1987—2004
静态效应	53.86%	54.96%	58.42%	59.73%	57.30%	33.35%	31.35%	26.87%
动态效应	46.14%	45.04%	41.58%	40.27%	42.70%	66.65%	69.65%	73.23%
方差来源	1988—2005	1989—2006	1990—2007	1991—2008	1992—2009	1993—2010	1994—2110	1995—2012
静态效应	27.97%	24.16%	21.61%	19.11%	16.83%	16.77%	17.03%	16.58%
动态效应	72.03%	75.84%	78.39%	80.89%	83.17%	83.23%	82.97%	83.42%

图 4-6 美国上市企业绩效差异的来源（1980 年至今）⊖

如果把不确定性和不连续性画在一个二维矩阵的维度上，会得出四种情况（如图 4-7 所示）：

①未来发展情况的不确定性低，发展路径的不连续性也低，我们称这种情况为恒常（Constancy）。

②未来发展情况的不确定性高，但发展路径的不连续性低，我们称这种情况为无常（Uncertainty）。

③未来发展情况的不确定性低，但发展路径的不连续性高，我们称这种情况为动荡（Volatility）。

④未来发展情况的不确定性高，发展路径的不连续性也高，我们称这种情况为模糊或者混沌（Ambiguity）。

图 4-7 VUCA 二维图

⊖ 参考：战略管理杂志（SMJ）2017 年第六期，《Demystifying Variance in Performance: A Longitudinal Multilevel Perspective》，郭广瑞。

这四个单词的首字母组成了"VUCA"。不确定性和不连续性的环境，不仅对企业的经营有意义，对每个人的成长也有意义。我们可以把人的一生分为四个阶段：少年、青年、中年和老年。少年时期，未来的发展充满可能性（很高的不确定性），少年的体力和智力都没有发展成熟，未来的发展路径也会有较高的不连续性；当成长为青年，他们发展的不确定性仍然很高，但此时智力和体力已经发育成熟，他们发展路径具有较低的不连续性；当青年成长为中年，他们发展的不确定性迅速降低，人生阅历丰富，发展选项减少，压力增大，身体状况也不如年轻时期，其发展路径的不连续性明显增加；最终成为老年人，未来发展方向的不确定性和发展路径的不连续性再次降低，同时老年人对自己的身体更关注，对生活的态度更加坦然。

由此看到，发展的不确定性和不连续性可以给我们提供一个系统的思维，让我们认清个人和企业在发展的不同阶段需要考虑的不同问题。

回到企业战略，按照未来发展的不确定性和不连续性组合，可以将企业的战略分为四类（如图4-8所示）：

（1）计划式战略：当企业未来发展的不确定性低，同时发展路径的不连续性也低的时候采用。这也是国有企业在改革开放前普遍采取的战略方式。

（2）愿景式战略：当企业未来发展的不确定性低，但发展路径的不连续性高的时候采用。想象在1998—1999年间，如百度创始人李彦宏、阿里巴巴创始人马云、腾讯创始人马化腾这些互联网创业者，他们看到了互联网搜索、互联网电商和即时通信的未来发展方向，这一发展方向的不确定性比较低，但如何做搜索、电商和即时通信，企业的发展路径不连续性比较高。因此那个时期的企业家通过愿景号召可以一起发展的战略合作伙伴，一起跨越发展路径的不连续性，这也造就了现在的BAT帝国。

（3）适应式战略：当企业未来发展的不确定性高，但发展路径的不连续性低的时候采用。企业家虽然不知道未来的方向，但能看到眼前的道路。打个比方就是"脚踩西瓜皮，滑到哪里是哪里"。

（4）精益战略：当企业未来发展的不确定性高，同时发展路径的不连续性也高的时候采用。企业的发展应该是系统性的。关于精益战略，接下来会介绍精益战略的四要素和四阶段,其四个要素之间的协同关系构成了精益战略的系统性,其四个发展阶段构成了精益战略的动态性。

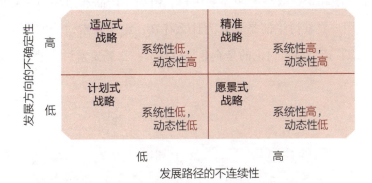

图 4-8　四种战略的系统性和动态性二维分布图

4.2.2　精益战略的四要素

战略管理最基本的是要理解其要素,如果和企业家经过充分的沟通,就能理解企业基本上由两个部分组成——"人"和"事",而这些可以由企业的内部和外部划分来理解企业的战略。企业外部的人主要是用户,企业内部的人是组织;企业内部的事主要是产品,企业外部的事主要是市场。用户、组织、产品、市场这四个部分就是精益战略的四要素。在智能化、信息化、网络化日益发展的今天,企业的内部和外部的边界和人与事的边界经常会融合在一起。运用人、事和内外两个维度把精益战略分为四个要素有助于管理者简化战略思维抓住战略核心。

作为精益战略的四要素——用户、组织、产品和市场,可以进一步分解成详细的要点。在讨论要点之前,先说明一下战略的四个核心问题。

有一个笑话在网上广为流传,就是北京大学的保安是出了名的,不仅是因为北京大学的保安有许多考上了研究生,而且他们经常会问来访者三个终极哲学问题:①你是谁?②你从哪里来?③你要到哪里去?同样的企业也需要回答企业的几个"终极"战略问题:

(1) 企业为什么存在?(Why)

(2) 企业由谁组成和如何组织?(Who)

（3）企业提供什么？（What）

（4）企业的市场环境如何？（Where）

这四个问题和企业战略的四要素用户、组织、产品和市场一一对应，如图4-9所示。用户要素讨论的是企业为什么存在；组织要素讨论的是企业由谁组成和如何组织；产品要素讨论的是企业提供什么；市场要素讨论的是企业的市场环境如何。

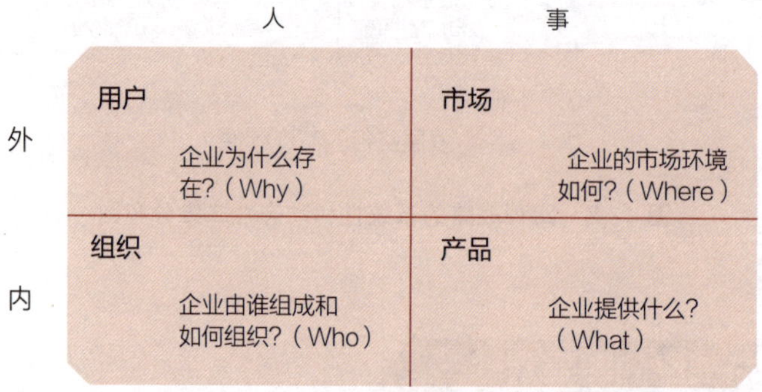

	人	事
外	**用户** 企业为什么存在？（Why）	**市场** 企业的市场环境如何？（Where）
内	**组织** 企业由谁组成和如何组织？（Who）	**产品** 企业提供什么？（What）

图4-9　精益战略四要素二维分布图及对应问题

如果提问在不确定性和不连续性为特点的宏观环境下，企业的战略目标是什么？阿里巴巴马云的回答是"活得久"，华为任正非的回答是"活下去"。那么企业活下去的理由和活下去的价值是什么？被认为全球最有影响力的管理学大师彼得·德鲁克给出答案是：企业的唯一目的是创造顾客。如此说来企业存在的原因就是为顾客创造价值，这回答了Why的用户要素的问题。

如果我们仅仅把精益战略的四个要素限制在用户、组织、产品和市场，是很难实施的。接下来把四个要素分为12个要点，如图4-10所示。

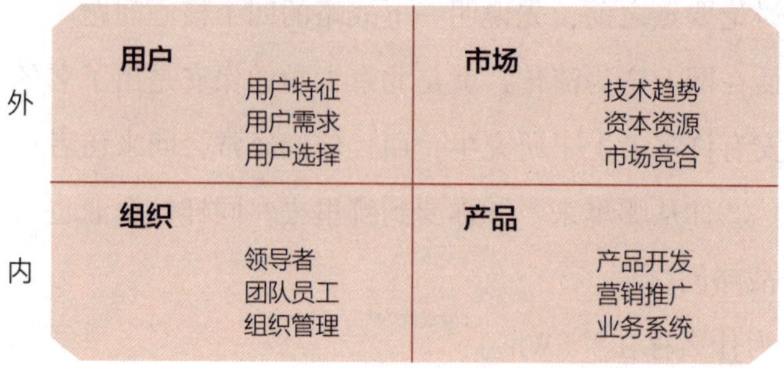

	用户 用户特征 用户需求 用户选择	**市场** 技术趋势 资本资源 市场竞合
外		
内	**组织** 领导者 团队员工 组织管理	**产品** 产品开发 营销推广 业务系统

图4-10　精益战略的12个要点

首先，分析用户的时候要考虑用户的特征、需求和选择。

- 用户特征包括用户的心理特征、生理特征和社会特征；
- 用户需求是指需求频度、需求广度和需求深度；
- 用户选择，用户为什么要选择我们的产品，用户选择我们产品的过程，以及用户选择我们的产品有哪些障碍。

其次，组织中有领导者、团队员工和组织管理。

- 对于领导者，我们需要考虑领导经验、领导潜力和领导资源等因素；
- 对于团队员工，我们需要考虑团队规模、团队素质和团队成长等因素；
- 对于组织管理，我们需要考虑组织结构、组织制度和文化等因素。

再次，关于产品，每个企业都有产品开发、营销推广和业务运营这些和产品相关的职能。

- 产品开发，要考虑产品的创新、流程的创新和产品的商品化；
- 营销推广，要考虑营销的定位、营销的渠道和营销的力度；
- 业务系统，要考虑业务模式、盈利模式和现金流模式。

最后，考虑市场要素，与之密切相关的主要是技术趋势、资本资源和市场竞争合作关系。

- 技术趋势，企业主要应关注技术的突破性、技术的成熟度和技术的经济性；
- 资本资源，企业应关注资金资本、有形资源和无形资源；
- 市场竞合，包括市场的竞争关系、市场的合作关系、市场的生态关系。

通过以上分析，可以把精益战略的要素一步一步分解落实。有了这些指标，我们还需要把它们组织起来形成实用的工具，帮助大家进行分析。接下来介绍精益战略画布，如图4-11所示。

战略要素	战略要点	战略指标
用户	1. 用户特征	①生理特征②心理特征③社会特征
	2. 用户需求	①需求频度②需求广度③需求深度
	3. 用户选择	①选择意愿②选择过程③选择障碍
组织	1. 领导者	①领导经验②领导潜力③领导资源
	2. 团队员工	①团队规模②团队素质③团队成长
	3. 组织管理	①组织结构②组织制度③组织文化
产品	1. 产品开发	①产品创新②流程创新③创新商品化
	2. 营销推广	①营销定位②营销渠道③营销力度
	3. 业务系统	①业务模式②盈利模式③现金流模式
市场	1. 技术趋势	①技术突破性②技术成熟度③技术经济性
	2. 资本资源	①资金资本②有形资源③无形资源
	3. 市场竞合	①市场竞争②市场合作③市场生态

图 4-11　精益战略画布

在精益战略画布中，把精益战略的 12 个要点放在一张表格内，可以看出它们之间的关系。可以发现这张画布与精益创业画布非常相似，但是它源自于精益战略的四要素，分为 12 个要点，具体考量 36 个精益战略指标，将此作为一个工具，可以帮助理解画布背后的逻辑，领会精益战略系统性和动态性的思维。

4.2.3　企业的生命周期

前面我们了解了精益战略的系统性思维，接下来进入企业的动态性部分。

之前提到企业由四个部分组成，用户、组织、产品和市场，企业的生命周期与这几个因素相关。

1. 用户需求的生命周期

用户需求的生命周期可以分为萌芽期、成长期和成熟期（见图 4-12）。

在萌芽期有两类用户，创新者和早期采用者。创新者是有非常强烈的需求，最早寻求方法满足自己需求的人；早期采用者是跟随创新者，也在早期满足自己需求的人。成长期的用户可以称为早期大众，他们数量众多，跟在早期采用者之后，可以根据从众心理来满足他们的需求。成熟期的用户有后期大众和落后者，这两类用户表现出来的需求不那么强烈。如果把用户的类型按照分步曲线画出来，通常情况会是一个正态分布。我们看到，创新者大概占2%，早期采用者大概占13%，早期大众大概占35%，后期大众大概占35%，剩下的15%是落后者，如图4-12所示。

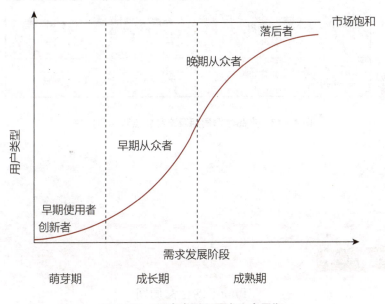

图4-12 用户类型和需求生命周期

2. 产品的生命周期

产品生命周期可以分为开发引入期、增长期、成熟期和衰退期，如图4-13所示。产品各生命周期的特点如下：在开发引入期，产品的特点是批量小、成本高，这时的目标用户是创新者和早期使用者。在增长期，产品的特点是销量上升、成本下降，这时的目标用户主要是早期从众者。在成熟期，产品普及并日益标准化，这时的目标用户主要是晚期从众者。在衰退期，产品的保有量下降，这时的目标用户主要是落后者。

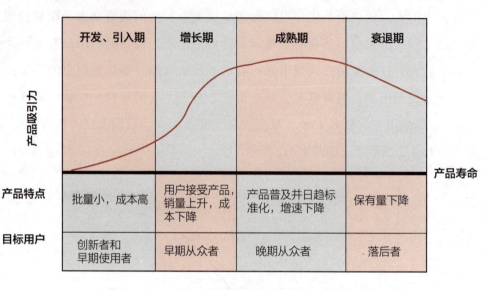

图 4-13 产品生命周期及产品特点和目标用户

创业案例 4-9

iPhone 的生命周期

根据产品生命周期模型,来看苹果手机 iPhone 的生命周期。如图 4-14 所示,我们把 iPhone 从第一代开始每一代产品的销量画在横轴上,可以看到,第一代 iPhone 的销量是 136 万部;2008 年,所有型号 iPhone 的销量是 1163 万部;2009 年,iPhone 的销量是 2073 万部,2010 年是 3999 万部,以后每年倍速递增,到 2013 年,增速减缓,2015 年的销量是 2 亿 3122 万部,而 2016 年的销量下降到 2 亿 1540 万部。可以预料,如果 2017 年 iPhone 不推出重大创新,那么这部手机将逐渐进入衰退期,也就是说销量将逐渐下降。

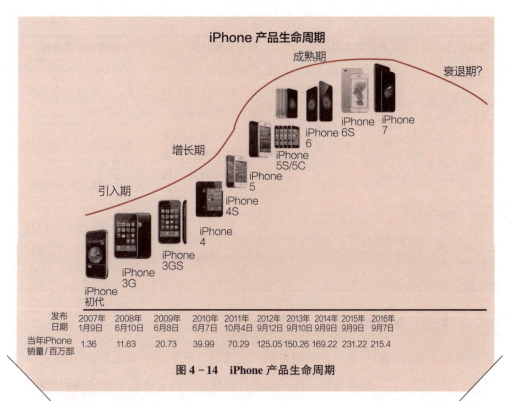

图 4-14 iPhone 产品生命周期

3. 组织生命周期

组织的成长也可以分为四个基本阶段：初创期、增长期、成熟期和衰退期。在初创期，组织的业务规模小，以创始人为首的团队比什么都重要；在快速发展的增长期，单一业务规模快速增长，组织能力也随着业务快速发展；在平稳发展的成熟期，业务结构相对稳定，组织结构也趋于稳定；在衰退期核心业务增速放缓，甚至出现负增长，企业组织僵化，甚至积重难返。当然，如果企业能够转变思路，推动组织变革（变革突破期），那么企业也可能实现突破。各阶段特点如表 4-1 所示。

表 4-1 组织生命周期特点

组织发展阶段	业务发展特点	组织发展特点	组织建设核心命题
初创期	尚未完成完整的业务系统，业务规模小	以创业者为首的团队，根据业务需要组织功能逐渐补充或分化	创业者和创业合伙人比什么都重要，核心是找到合适的人
增长期（快速发展期）	单一业务规模或业务数量快速增长	组织能力随业务的快速发展而发展，容易出现组织滞后于业务的现象	组织快速跟进业务发展是关键，基于当前和未来的业务需要搭建管理体系

(续)

组织发展阶段	业务发展特点	组织发展特点	组织建设核心命题
成熟期（平稳发展期）	业务结构相对稳定，增速处于或略高于市场平均水平	业务的相对稳定决定组织格局相对稳定，提升组织效率的重要性凸显	在相对稳定的组织格局下，完善和提升组织效率是核心
变革突破期	原有业务增速放缓，需要寻找新的业务方向或商业模式	组织基于过往业务逻辑形成路径依赖，出现大企业病，对市场的反应缓慢	思维转变是关键，思维转变推动组织变革，驱动企业实现新的突破
衰退期	业务尤其是核心业务增速放缓，甚至出现负增长，并看不到回转的机会	组织僵化，思维和行为上的惯性已积重难返	重新评估组织的资源和能力，处理历史问题，寻找新的机遇

4. 行业生命周期

行业生命周期同样可以分为萌芽期、发展期、成熟期和衰退期，如图4-15所示。萌芽期，资本资源稀缺，技术刚刚开始萌芽，行业内竞争和合作程度均有限；发展期，资本和资源大量涌入，行业竞争合作程度均增加，技术也取得快速发展；成熟期，行业的资源达到了顶峰，资本获利退出，行业竞争开始加剧，技术也进入成熟阶段；衰退期，资源效率开始下降，流向其他行业，竞争和合作都趋缓，同时技术开始落后。

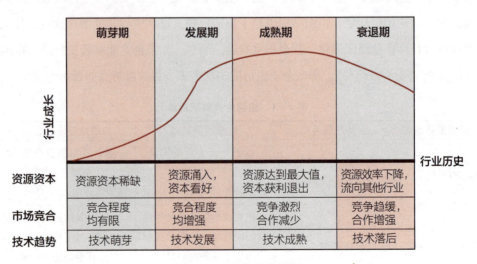

图4-15 行业生命周期

在用户、组织、产品和行业的生命周期之后,我们主要通过这四要素理解企业的生命周期。一个企业的四个生命周期构成了四条 S 曲线,这四条曲线生命周期互相发展配合,共同构成了企业生命曲线。在精益战略中,企业生命周期曲线叫作企业价值曲线,与用户、组织、产品和市场的生命周期曲线相应的叫作用户价值曲线、组织价值曲线、产品价值曲线和市场价值曲线。

关于企业价值曲线,有一点非常重要,就是价值创新曲线。每一个要素都有一个价值创新曲线,也即企业家经常说的第二条 S 曲线。这条 S 曲线通常在相应要素进入成熟期之前开始形成,并随着企业的创新活动发展,和第一条 S 曲线相交,构成企业持续发展的轨迹。要素价值曲线和企业价值曲线如图 4-16 所示。

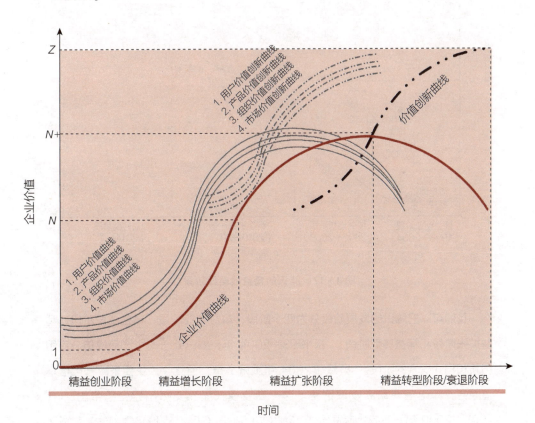

图 4-16 要素价值曲线和企业价值曲线

创业案例 4-10

腾讯的发展路径

2017年初出版的《腾讯传》一书，讲述了腾讯从创业到2016年的发展历程。读这本书，只会得到大概的印象，对腾讯的发展轨迹不会有全面的了解，而我们用企业价值曲线来分析腾讯的发展就会得到一个非常清晰的路径，如图4-17所示。

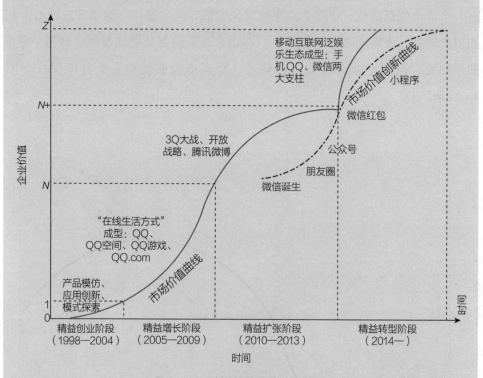

图4-17 腾讯的精益战略四阶段

我们可以把腾讯的发展阶段分为四个阶段：精益创业阶段、精益成长阶段、精益扩张阶段和精益转型阶段。从1998—2004年，腾讯处于一个产品模仿、应用创新和模式探索的阶段。虽然在2004年腾讯上市，但其收入主要来源于电信增值服务，即电信移动商收取话费，这一商业模式显然支撑不起企鹅帝国。在2005—2009年，业务快速发展，QQ、QQ空间、QQ游戏和QQ网站，形成了在线生活网站，是QQ用户的快速增长阶段，也是腾讯的精益增长阶段。2010—

2013 年间,腾讯逐渐从一个封闭的帝国变成开放的平台,经历了与"奇虎 360"的大战后实行开放战略,嫁接了许多服务,实现了多元化发展,同时探索传统互联网之外的商业模式,诞生了微信。微信的功能也在逐渐丰富,推出了朋友圈、公众号、微信红包、小程序等业务,在传统的互联网之外形成了另一个基于移动互联网的发展支柱。

至此,腾讯发展史有了两条较为清晰的发展线路:第一条曲线是基于传统互联网的 QQ 模式,第二条曲线是基于移动互联网的微信模式,这两条曲线的叠加,使腾讯避免了衰退,用马化腾的话说,即"拿到了一张移动互联网大船的站票"。

4.2.4 精益战略的四阶段

了解了企业生命周期之后,接下来逐一分析精益战略的四个阶段,即创业阶段、增长阶段、扩张阶段和转型阶段。

在精益创业阶段,创业者需要回答四个问题(如图 4-18 所示):

(1) 为何创业?(Why)

(2) 和谁创业?(Who)

(3) 创什么业?(What)

(4) 创业环境如何?(Where)

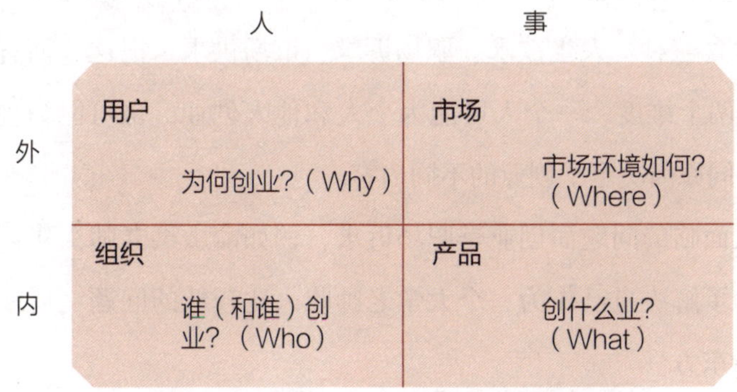

	人	事
外	用户 为何创业?(Why)	市场 市场环境如何?(Where)
内	组织 谁(和谁)创业?(Who)	产品 创什么业?(What)

图 4-18 精益创业阶段的四个战略问题

人们为什么创业？或者大学生为什么创业？通过一些研究发现，一些大学生是因为工作就业的压力，一些是因为不愿意被人管而创业，即从学术的角度来看，创业的原因主要有两种：为了个人的发展和为了个人的生存而创业。

关于谁适合创业，主要看这个人的态度和能力两个维度：态度是指个人对承担风险的态度，能力是指个人的学习和创新的能力。用重大风险承担倾向和持续学习与创新能力，可以把人分为四类（如图4-19所示）。

图4-19 谁是创业家

重大风险承担倾向和持续学习与创新能力都低的人占大多数，这些人的职业都是普通职员；持续学习与创新能力低而重大风险承担倾向高的人通常是赌徒；而很多科技创新工作者持续学习与创新能力高，但不倾向承担重大风险所以做稳定的工作；区别于普通的科技创新工作者，具有高重大风险承担倾向的创新工作者会成为创业者或企业家。

关于创什么业的问题，真格基金创始人徐小平回答："创业就是创个'求'"，这个"求"包含三种：人生欲求、职场诉求、市场供求。把这一回答分为为谁创业和为何创业两个维度，一个人可能为个人和他人创业，也可能为现实和梦想创业。创业的不同原因决定了创业的不同内容。

解决个人面临的问题而创业是职场诉求，例如俞敏洪老师当年创立英语辅导班的初衷是为了解决自己作为一个大学老师收入比较低的问题，后来不得不辞职所以创办了新东方。

为实现个人梦想而创业是个人欲求，例如现在在丽江古镇有许多客栈老板就是怀着遇见美丽人生的目标而放弃了以前的职业生活，投入丽江的温暖阳光中。

为了他人解决现实问题而创业是市场供求,例如徐小平在新东方做学生辅导时,并没有想过出国咨询的业务未来能成为独角兽级的产业,当时开始做出国咨询,只不过是很多人学了英语,考了托福却办不下来签证,于是发现这个市场很大。

在徐小平所说的三个"求"之外,还有为实现全人类的梦想而创业,即人类追求。例如特斯拉创始人埃隆·马斯克就是一位梦想创业家,他迄今为止创办的 X.com(Paypal 的前身),特斯拉和 SpaceX,是他在互联网、可持续能源和太空移民等三个可帮助人类实现更大梦想领域的结合发展。

以上四类创业可总结为如图 4-20 所示的矩形。

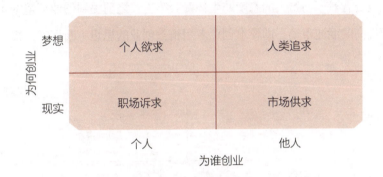

图 4-20 创业就是创个"求"

精益战略的 12 个要点,根据之前所讲,这 12 个要点在企业不同的发展阶段侧重点不同,如图 4-21 所示。

用户方面:在精益创业阶段,主要关注的是天使用户、用户的痛点需求和现有竞品的影响。所谓天使用户就是对创业项目想要解决的问题有急切需求的用户,创业者必须找到让用户买单的痛点需求,并在能够提供超过现有竞品竞争力的情况下,为用户创造价值。只有做到这些,创业项目才会有一个可增长可发展的用户基础。

组织方面:在精益创业阶段,主要关注的是创始人、创业合伙人和扁平组织结构。大多数卓越企业成功,都可以追溯到创始人在企业初创阶段的雄心。创始人精神的作用在企业正常运营的时候并不明显,但当企业发生重大危机时,创始人精神就会发挥巨大作用。创始人对于在精益创业阶段的企业有决定性作用。创业企业能否抓住用户的痛点需求,能否保持初始团队和组织的高效运营,能否在混沌市场中开天辟地,能否实现单点突破,都取决于创始人的战略和战术能力。

产品方面：创业者在精益创业阶段关注的是 MVP 开发、口碑营销和单点突破的业务模式。在精益创业阶段，产品的运营应该是需求驱动和通过口碑营销实现的。"迅雷看看"的前 CEO 郝志中认为只有靠用户需求驱动和产品口碑营销驱动的产品才具有生命力。

市场方面：创业者在精益创业阶段关注的是创新性技术、初始资本和混沌市场。首先，在技术领域的创业者应该关注技术的创新性，创新性技术能带来很大的优势，例如 Google 的创始人佩奇和布林就是利用他们在斯坦福大学读博士时研究的技术创立的 Google；其次，创始人需要自己投入一些资本，如果创始人不投入真金白银会让投资者对于创始人的态度产生怀疑；第三，之前提到创业环境的不确定性高不连续性高的混沌市场，即要求创业者用精益创业的思想不断探索，快速迭代。

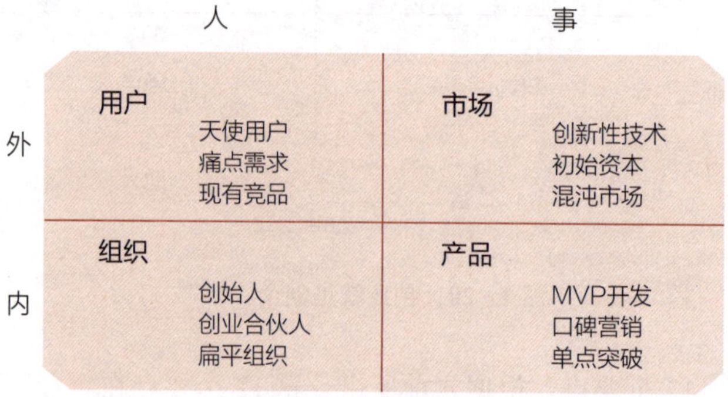

	人	事
外	**用户** 天使用户 痛点需求 现有竞品	**市场** 创新性技术 初始资本 混沌市场
内	**组织** 创始人 创业合伙人 扁平组织	**产品** MVP开发 口碑营销 单点突破

图 4-21 精益创业阶段的 12 个要点

创业案例 4-11

"得到" App

根据精益创业的 12 个要点，我们用精益战略画布来分析"得到"App。其前身是罗辑思维，创始人是罗振宇，他曾是北师大新闻专业的老师，还曾担任中央电视台《经济与法》《对话》等栏目的制片人，也是《中国经营者》总策划兼主播。

罗振宇在 2012 年打算创业，因为他身边的企业家和娱乐圈的朋友有一个痛点需求，即希望获取反常识的知识和新的认知角度，但这些人又没有时间读书。于是罗振宇就有了创业想法："做有钱人的读书人，死磕自己，愉悦大家"。

他随后找到申音做合伙人，一个导演和两个实习生便开始创业了（扁平组织）。

最开始面对现场的观众录制视频，发现不需要观众之后，改为直接对着镜头录节目；还研发过 App 但没有成功，这些 MVP 的开发是不断迭代的。而营销和推广方面，他们没有用传统的广告模式，而是通过朋友圈和微信公众号的口碑相传发展了大批用户。产品方面，申音的公司同时推出了好几个项目，但只有罗辑思维成功了。

这一栏目虽然没有太多创新性的技术，但是很大程度上是知识付费的商业模式创新。在创立公司的时候，主要的投资来自于申音。同时，当时市场的情况比较简单，竞争对手少，市场处于混沌状态（见图 4-22）。

精益战略画布（罗辑思维）			
天使用户	创始人	MVP 开发	创新性技术
罗振宇身边的企业家、传媒圈的朋友，以及口口相传带来的微信公众号粉丝	罗振宇：北师大新闻专业老师，曾任中央电视台《经济与法》《对话》制片人，《中国经营者》总策划兼主播	自制优酷视频，第一期节目名为《向死而生》，每天60秒语音，当时还做了个App（不是"得到"），很快就没了	没有创新性技术，只有简单的摄像设备，靠的是罗振宇积累下来的"手艺"，但创新了知识付费的商业模式
痛点需求	创业合伙人	口碑营销	初始资本
获取反常识的知识和新的认知角度	申音：曾担任中央电视《对话》《首席夜话》《对手》和浙江卫视《与卓越同行》等特约策划人和嘉宾	当时没人专注微信公众号的运营，用户自然增长基础上，微信公众号的推荐（特权）、优酷优先推荐	罗振宇实现财务自由后，自掏腰包提供早期资本；申音的投资
现有竞品	扁平组织	单点突破	混沌市场
自己读书、听讲座、看综艺类节目	只有几个人：一个导演兼化妆兼摄像，一个总编和两个实习生	申音同时推出了多个项目，只有罗辑思维一个比较成功。最初几期现场有观众，后来取消了现场观众	早期没有竞争者，优秀的内容制作者此时还未意识到网络内容是一个风口

图 4-22　精益创业阶段战略画布（罗辑思维）

在使用精益战略的四个要素和十二个要点分析精益创业阶段之后,我们用同样的逻辑框架来看精益增长阶段的情况。在企业生命周期部分讲到"找到用户需求和企业能提供产品的匹配",在增长阶段企业要做的事就是扩大规模,用企业的产品去服务更多的用户。

企业增长阶段面对的四个战略问题(如图4-23所示):

(1) 企业为什么增长?

(2) 组织能否跟得上企业的发展?

(3) 做什么能够实现增长?

(4) 市场是否支持增长?

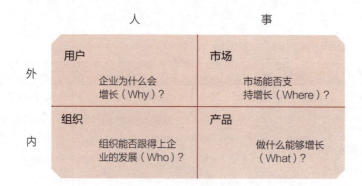

图4-23 精益增长阶段的四个战略问题

十一届三中全会上提出的"当前,中国社会的主要矛盾是人民日益增长的物质文化需要同落后的社会生产力之间的矛盾"。党的十九大提出,"中国特色进入社会主义新阶段,我国社会主要矛盾已经转化为人民日益增长的美好生活需要和不平衡不充分的发展之间的矛盾"。这个矛盾就是企业为什么要增长的答案。从创业期到增长期,创业者需要考虑的是:创业时设立的组织结构是否能够支持企业的快速成长,是否会制约企业的快速成长?即企业的产品和业务模式。有的创业者的想法本身就是一个小生意不可能实现快速增长,不可能实现快速的用户大规模增长。增长阶段的企业还要考虑市场环境是否支持,技术发展是否同步,资本资源是否足够以及市场的竞争合作状况等。结合精益战略的12要点如图4-24所示。

	人	事
外	**用户** 大众用户 普遍需求 跨越需求鸿沟	**市场** 成长性技术 精益融资 蓝海市场
内	**组织** 创始人成长 团队专业化 层级组织	**产品** 爆款产品 广告营销 规模经济

图 4-24　精益增长阶段的 12 要点

首先，创业阶段的天使用户变为了大众用户，意味着增长阶段的企业不能仅仅关注小众的需求，而应该关注大众用户的普遍需求。"企业面临的一个重要挑战就是跨越从小众用户到大众用户的需求鸿沟。"大众用户的需求往往和天使用户不一样。

其次，增长阶段的创始人自己也要不断地成长，才能带领公司快速增长。在公司增长的过程中，团队要逐渐实现专业化以提高具体事务管理的效率，同时公司的组织结构可能不再像创业阶段那样的扁平结构，而开始出现了层级结构。

再次，能够支持公司增长的通常是公司的爆款产品。做"一厘米宽一公里深"的市场，"一厘米宽"是指聚焦，"一公里深"是指市场深度。要想实现快速增长，传统的广告营销模式是比较适用的，例如 OPPO 和 VIVO 手机就是典型的用广告推动增长的模式。同时增长阶段的业务特点是规模经济，大量的销售把这两个品牌的广告成本摊薄了。

最后，关于市场，增长阶段的企业需要利用成长型技术。如果技术不能支持增长，企业的增长就会缺乏动力。还有非常重要的一点是精益融资，即创业企业不要一下把钱都让渡出去，而是要保持对公司股权的控制，在适当的时候释放适当比例的股权。增长阶段的市场通常称为"蓝海市场"，适度的竞争和合作有助于企业快速增长。

回到罗辑思维的案例，看他们在增长阶段的发展，如图 4-25 所示。

精益增长阶段战略画布（罗辑思维）			
大众用户	创始人成长	爆款产品	成长性技术
焦虑青年：表面看起来一切正常，但是永远需要成长并保持焦虑感。拥有战士型人格的人	罗振宇参加"中欧创业营"等圈子	《罗辑思维》节目、每天60秒的微信语音及好文的推送等。用匠人精神，"死磕自己，愉悦大家"	成长性模式：尝试过会员收费、电商、拍卖等模式
普通需求	团队专业化	广告营销	精益融资
快速获取更多、更有用的知识的同时，获得谈资、（标签：可作谈资、可入PPT、可装作有知识等）	引入李天田（脱不花）任CEO，他曾经担任北京仁慧特智业咨询有限公司董事长	主要靠产品的自然传播。但在增长后期的，也用了一些广告营销手段。特别是《时间的朋友》的推出帮助巨大	优酷和顺为投资A轮，B轮融资的投资人为23个商业大亨，这些投资人同时都是罗辑思维的重度用户
跨越需求鸿沟	层级组织	规模经济	蓝海市场
符合罗辑思维定位的人群特点明显，比较容易跨越天使用户到大众用户间的鸿沟	几十个人，产品和应酬需要，副总裁比较多	（成本）人力成本为主，电子商务涉及采购、外包等（收入）三期会员费200万元、800万元、2000万元，电商收入为主	深化与微信的合作，最早的微商，最早促进微信支付大规模使用。竞争开始出现，罗辑思维每个新玩法都会被模仿

图4-25 精益增长阶段战略画布（罗辑思维）

罗辑思维在增长阶段一直在探索新的业务模式，例如会员、电商、拍卖，用他们自己的话说就是一直在创造话题。由于罗辑思维的现金结构做得比较好，虽然有了两轮融资，但是并没有释放出特别多的股权，这时候的罗辑思维是行业中的领跑者，面临的是蓝海市场。

精益增长阶段之后，来看一下精益扩张阶段。精益扩张阶段可以理解为多元化阶段，这一阶段企业进入成熟期，开始在创业之外寻找新的增长链。

如图4-26所示，精益扩张阶段的四个战略问题是：

(1) 企业为什么要多元化？

(2) 企业能否撑得住？

(3) 企业在什么方面多元化？

(4) 市场是否支持多元化？

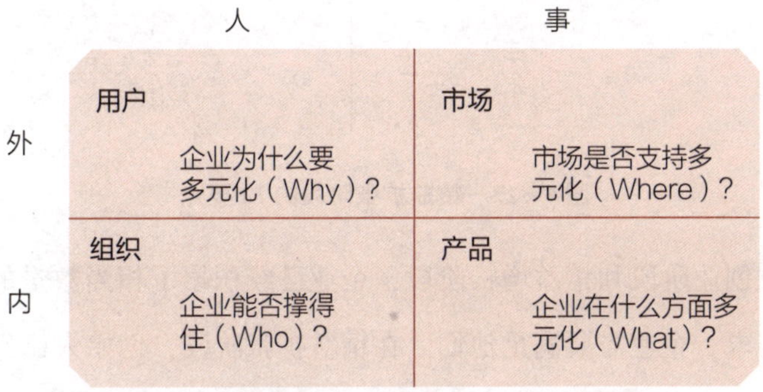

	人	事
外	用户 企业为什么要多元化（Why）？	市场 市场是否支持多元化（Where）？
内	组织 企业能否撑得住（Who）？	产品 企业在什么方面多元化（What）？

图 4-26 精益扩张阶段的四个战略问题

企业在精益创业阶段和精益增长阶段已经获得了一些用户，并满足了他们的需求。在精益增长阶段之后，对于企业现有用户的已满足需求，企业可以通过深入挖掘用户需求试图满足用户新的核心需求；对于企业现有用户的未满足需求，企业通过多元化方式来满足这些累计用户的相关多元需求。

从创业开始，组织形式就会随着企业发展变得越来越复杂。组织形式的复杂化，一方面，其原因是为了业务发展提供支撑的要求和必然结果；另一方面，其结果会造成组织运转效率的降低。要进行多元化转型的企业需要考虑组织管理是否能跟得上多元化的步伐。

精益扩张阶段的企业还面临着应该在哪些方面多元化的问题：

(1) 沿着"是否已做"和"是否应做"的二维矩阵分析。

(2) 把多元化方向分为应做已做、应做未做、不应做已做、不应做未做四类。

精益扩张阶段的企业应把精力集中在应做未做的事情上，这些事情就是企业多元化的方向。精益扩张阶段的12要点如图4-27所示。

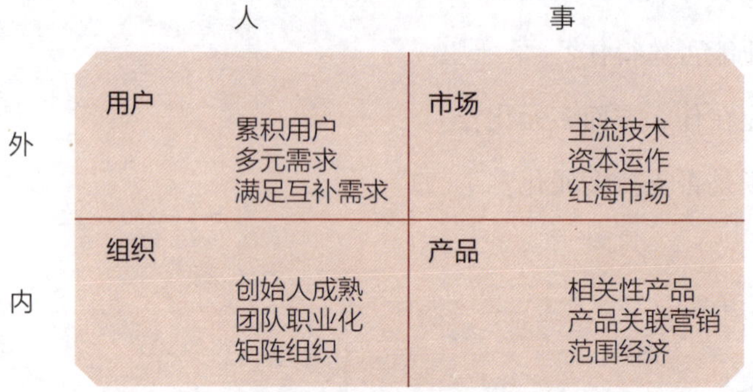

```
                    人              事
          ┌─────────────┬─────────────┐
          │ 用户        │ 市场        │
    外    │  累积用户   │  主流技术   │
          │  多元需求   │  资本运作   │
          │  满足互补需求│  红海市场   │
          ├─────────────┼─────────────┤
          │ 组织        │ 产品        │
    内    │  创始人成熟 │  相关性产品 │
          │  团队职业化 │  产品关联营销│
          │  矩阵组织   │  范围经济   │
          └─────────────┴─────────────┘
```

图 4-27　精益扩张阶段的 12 要点

经过精益创业阶段和精益增长阶段，企业已经积累了相当数量的用户，这些用户有多元需求，企业需要满足他们。在精益扩张阶段，创始人已经积累了很多管理经验，成长得非常成熟，这时候的团队也会变得职业化，企业的主要管理由职业经理人负责。随着企业的扩张，纵向的业务线和横向的职能线构成了企业的矩阵式组织结构。精益扩张阶段的产品之间应该具有相关性。有研究表明，基于相关性的多元化产品比非相关的多元化产品效果更佳。针对相关性的产品，企业可以采用产品关联营销等手段，例如购买小米手机，也会购买手机壳、充电宝、耳机等相关产品。相关多元化基于范围经济的经济学原理，即在一定范围内的产品之间会产生协同效应。

最后来分析精益扩张阶段的市场。在精益扩张阶段，企业依赖的技术是成熟的主流技术，企业通过资本运作来进行多元化过程中的并购，并通过多元化在红海市场中开辟出一条道路。

2016 年罗辑思维推出 App "得到"，解决了一直困扰罗振宇的问题，也是投资人经常问他的问题：作为罗辑思维内容的唯一生产者，万一罗振宇干不动了怎么办？为了推出 App "得到"，罗辑思维的团队进一步职业化，引入 CTO 快刀青衣，后来又有李翔作为主编加入。一年多的发展之后，"得到"形成了产品的矩阵，相应的组织架构也形成了组织矩阵的形态。"得到"的用户来自罗辑思维的累积用户，他们听了多年罗辑思维的节目，对于多元化的节目也有强烈的需求。有的喜欢历史、人文、音乐，有的喜欢管理、经济、科学，这些都是一些互补性

需求,于是他们请来刘雪枫老师推出"雪枫音乐会",请李翔推出"李翔商业内参",请来万维刚推出"精英日课"等节目,目前"得到"有 25 个付费订阅栏目。他们的作者会关联营销,相互推荐。在范围经济⊖方面,"得到"的音频解读也包括这些书的电子版(见图 4-28)。

精益扩张阶段战略画布(罗辑思维)			
累积用户	创始人成熟	相关性产品	主流技术
罗辑思维积累了大批重度用户,即使没有付费的用户也有类似焦虑青年的人格体	"得到"解决了投资人关于"万一罗胖干不动了怎么办"的问题	根据用户收听场景设计产品。"雪枫音乐会"定位音乐早餐,"李翔商业内参"定位商业干货,"精英日课"定位国际视野	知识付费模式已成为主流创业模式
多元需求	团队职业化	产品关联营销	资本运作
用户不满足每周一期罗振宇主讲的内容,要求更频繁、更多元的内容	分工:罗振宇(内容)、脱不花(运营)、快刀青衣(技术)、李翔(总编)	"罗辑思维"节目推荐"得到"专栏作者内容,各专栏作者就一个主题(例如美国大选)展开讨论	与不同风格大V专栏作家合作,提高节目质量,丰富节目品类。曾试图投资papi酱等网红,但后来退出,专注于内容创业
满足互补需求	矩阵组织	范围经济	红海市场
创业者用户需要更深入的商业信息,公务员用户需要文化历史信息。多学科知识通过语音形式快速获取,实现互补	调整产品结构,聚焦"得到",加强技术团队、内容团队,深度运营,形成"微型"矩阵组织	①"得到"上的收费内容逐渐所加带来的收益;②只保留图书电商,并开通更多渠道	喜马拉雅、蜻蜓FM等平台相继推出大量付费知识学习节目

图 4-28 精益扩张阶段战略画布(罗辑思维)

⊖ 范围经济是相对于规模经济而言的,规模经济是指随着生产量的提升,单位成本会下降;而范围经济则是指随着产品类别的增加,由于形成协同,会带来单位成本的下降。

经过几年的发展，知识付费已经成为现在的主流创业模式。"得到"团队也曾试过资本运作投资 papi 酱，但后来退出，专注在内容创作上。这个市场现在已经是红海市场，很多平台都推出了知识付费的服务。

精益转型阶段同样要关注四个方面的问题（如图 4-29 所示）：

(1) 企业为什么要转型？
(2) 企业能否变得了？
(3) 企业转型的方向是什么？
(4) 转型的市场环境如何？

	人	事
外	**用户** 企业为什么要转型（Why）？	**市场** 转型的市场环境如何（Where）？
内	**组织** 企业能否变得了（Who）？	**产品** 转型方向是什么（What）？

图 4-29 精益转型阶段的四个战略问题

在企业生命周期的部分我们提到了企业的衰退期。当企业发展过了成熟期之后如果不及时进行战略转型，就很有可能进入企业衰退期。但是战略转型要求企业进行组织变革，有很多企业经过多年的发展之后，很难打破原来的利益结构进行组织转型。进行组织转型的企业也要找好企业转型的方向。现实中企业往往把转行当做转型，在转型的过程中放弃了原来积累的优势，通常会造成转型失败。

如图 4-30 所示，精益转型阶段的 12 要点有：

	人	事
外	**用户** 重识用户 潜在需求 满足需求升级	**市场** 突破性技术 资本重组 蓝冰市场
内	**组织** 创始人自我革命 团队认知升级 网络组织	**产品** 颠覆性产品 生态营销 生态经济

图 4-30 精益转型阶段的 12 要点

用户：企业要想成功转型必须重新认识用户，包括累积用户和非用户，挖掘他们的潜在需求，努力满足需求升级的需要。

组织：有很多经验的创始人到了转型阶段需要进行自我革命，打破自己的认知边界，同时团队需要一起学习，升级团队的认知能力。通常情况下，组织结构的转型是把原来的矩阵结构转变为网络结构，能让组织内外部的连接更畅通。

产品：精益转型阶段的企业需要研发出颠覆性的产品。例如马化腾说：如果微信不是腾讯研发出来的，而是竞争对手研发出来的，那么腾讯会被颠覆淘汰。经过转型升级，企业的营销手段也要升级，不再是广告推销或关联品营销，而是依靠企业形成的生态进行营销推广。在转型升级的阶段，企业追求的模式应该是生态经济的模式。

市场：企业应努力获得突破性的技术，并通过资本重组获得需要的资源。有企业家把转型升级比喻作打破新的坚冰，形象地比喻这个阶段企业面临的是蓝冰市场。如果企业能够打破坚冰就能发现下一片蓝海，否则就会被困在冰山之中。

图4-31是罗辑思维到"得到"的转型画布，现在还是空的，因为这一转型刚刚开始，罗振宇和他的创新团队面对着越来越激烈的竞争，他们在竞争中快速迭代，迅速成长。

精益转型阶段战略画布（罗辑思维→"得到"）			
重识用户	创始人自我革命	颠覆性产品	突破性技术
潜在需求	团队认知升级	生态营销	资本重组

图4-31 精益转型阶段战略画布（罗辑思维—"得到"）

精益转型阶段战略画布（罗辑思维→"得到"）			
满足需求升级	网络组织	生态经济	蓝冰市场

图 4-31 精益转型阶段战略画布（罗辑思维—"得到"）（续）

2017 年 5 月 18 日，罗辑思维第一次召开 001 号知识发布会，发布一些新产品。但是这些产品还是在"得到"原有的范畴内进行的多元化，至于罗辑思维什么时候能够到精益转型阶段，是否能够转型成功，让我们拭目以待。

总结精益战略，主要包含四个要素四个阶段。为了能够把精益战略落地实施，我们把四要素分为 12 个要点，这 12 要点在创业、增长、扩张、转型的四个阶段动态变化并系统地协同，构成了精益战略的精髓。

我们学习创业不仅要理解在创业阶段的特点，而且要知道企业在创业增长扩张转型各个阶段的发展变化，只有这样才能从容应对未来创业发展的不确定性和未来路径的不连续性。

思考题

1. 精益创业的核心思想是什么？
2. 什么是"火箭发射式"创业，它与精益创业的异同点是什么？
3. 在创业过程中，如果偏离了自己最初的目标是否就意味着创业失败？为什么？
4. 精益创业的三大理论基础是什么？五大原则是什么？
5. 什么是 MVP、如何验证 MVP？
6. 按照未来发展的不确定性和不连续性进行组合，可以将企业的战略分为哪些类型？他们各自有什么特点？
7. 精益战略的四要素、12 要点是什么？
8. 用户、产品、组织和行业的生命周期如何划分？每个阶段各有什么特点？

9. 精益战略分为哪几个阶段？在每个阶段企业分别要面对什么战略问题？

小练习

1. 选择一家你认为是"火箭发射式"创业的企业以及一家"精益创业"企业，比较两家企业在发展过程中，它们的用户、组织、产品、市场各有什么特点。
2. 选择一个你感兴趣的行业，结合该行业中具有代表性的企业发展情况，用行业生命周期理论对该行业的发展进行分析。
3. 以精益创业画布为工具，选择一个创业案例，对其进行分析。
4. 根据精益战略阶段的划分，完成苹果公司在不同阶段的精益战略画布。

第5章
不一样的创业

5.1 社会创业与共享经济的异同

本节主要内容有：

1. 社会创业区别于商业创业的显著特征；
2. 社会创业兴起的时代背景；
3. 衡量社会创业者是否成功的主要标准；
4. 共享经济的内涵；
5. 共享经济近年来迅速崛起的经济技术背景；
6. 常见的共享经济种类；
7. 社会创业与共享经济的异同。

创业案例 5-1

Grameen Bank

让我们先看看格莱珉银行（Grameen Bank，也译作孟加拉乡村银行）的例子（选编自尤努斯自传《穷人的银行家》）。1983年，格莱珉银行由穆罕默德·尤努斯（Muhammad Yunus）在孟加拉国的乡村所创立。2006年，诺贝尔和平奖颁给了尤努斯，以表彰他从社会底层推动经济和社会发展的努力。

尤努斯早年就读于吉大港教会学校，童子军活动对他成年后的事业选择有重大影响。1974年，孟加拉发生饥荒。尤努斯对农民的痛苦感到深切不安与忧虑，于是对贫穷进行了系统深入的思考，推行了"吉大港大学乡村开发计划"，鼓励学生设计创造性方法以改进乡村的贫困状况。随后，尤努斯推行新型农业合作社试验，让佃农贡献劳动，土地拥有者贡献土地，尤努斯的试验小组贡献种子、肥料、杀虫剂和实用技术知识，解决农田荒芜问题。

在与农民接触的过程中，尤努斯逐渐加深了对穷人的理解。他认识到，乡村普遍存在的高利贷阻止了穷人依靠辛勤劳动改善生活的愿望实现。穷人不识字也没有抵押物，只能借高利贷购买原材料，并约定每天制作出的产品以极低的价格卖给高利贷者来偿还贷款，余下的仅够维持贫困生活。银行不受理没有抵押物的贷款申请，故穷人愈穷、富人愈富，陷入恶性循环。倘若银行能贷款给穷人，让其买到原材料，那么穷人可参与市场交易从而不用受高利贷者压榨，就有可能脱贫致富。于是，尤努斯选择了创办无抵押小额贷款银行——格莱珉银行。格莱珉银行最初是试验性银行，由尤努斯担保，一些合作银行向乡村穷人提供无抵押小额贷款；后来，格莱珉银行作为独立银行正式运营。

创业案例 5-2

再生银行

再来看看第二个案例：再生银行（Recycle Bank）（选编自康迪《再生银行：疯狂的垃圾》）。再生银行由菲茨吉拉德（Patrick FitzGerald）和高南（RonGonen）所创建。联合创始人高南更是获得了联合国环境规划署（UNEP）颁发的2009年度地球卫士奖（Champions of the Earth）。

2003年的一天，菲茨吉拉德和高南找到费城市长，提出了一个方案：他们负责处理全市的垃圾，政府每年补助1200万美元；转卖可回收垃圾所得收入，双方平分。这样的条件，没人能够拒绝。要知道，费城每年要产生75万吨垃圾，仅垃圾处理这一项，政府每年的开支就高达4000万美元。

在和市长谈判之前，两人已经走访了全市的几十家大公司。为了履行社会责任，这些公司每年都要捐钱给环保机构，这已经成为一种惯例。但是许多机构的垃圾处理工作却不尽如人意，因此大多企业心存不满。菲茨吉拉德和高南与这些企业签订合同：企业将原来用于垃圾处理的捐赠费用捐给再生银行，再生银行将会收集居民们已经分好类的垃圾，并且按重量付钱给居民。这个钱会被划到专门的银行卡上。拿着这张银行卡，居民可以到参加了该计划的任何一家商家消费。这样，这些企业既捐款得名又获得消费者，尽管他们必须把持卡顾客所带来利润的一部分（例如30%）分给再生银行，但是同时也绑定了消费者，而且垃圾回收工作效率加强，远比原来单纯捐款要好。商家没有理由不选他们。

许多商家参加了这个计划，包括可口可乐、全食超市（Whole Foods）、家得宝（Home Depot）、连锁药店 Rite Aid 等。在商家不断加入的同时，政府也给予了积极回应。"通过商业运作解决全民关注的环保问题，再生银行在这方面做出了积极而有效的尝试。如果该项目覆盖的范围更大，参与的企业更多，将会形成一个自给自足的良好的正循环生态系统。到时候，不需要政府补贴一分一厘，它自身就能很好地运转。"为了早日实现这个目标，"凡是参加的企业，政府在税收、土地、资源调配等方面都会给予适当的照顾。"

5.1.1 社会创业的内涵

社会创业（Social Entrepreneurship）一词由阿苏迦基金会（Ashoka）的创始人德雷顿（WilliamDrayton）在20世纪80年代所创造。之后，格雷戈里·迪斯（J. GregoryDees）给出了定义：社会创业从解决社会问题和满足社会需求出发，提供产品或服务，创造经济价值和社会价值，重点是社会价值。所以，作为一种新兴创业模式，社会创业具有区别于商业创业的显著特征，那就是：以"解决社会问题"为导向。商业创业的目的是提供产品或服务，满足消费者的需求，创造经济价值；而社会创业主要受社会回报的驱动，利润（经济价值）虽然是一个目标，但已不是主要目标，是社会创业的副产品。创造与使命相关的社会价值是衡量一个社会创业者成功的主要标准。例如，尤努斯创建格莱珉银行的目的是消灭贫穷，让真正贫穷的人免受高利贷的盘剥，依靠自己的辛勤劳动摆脱贫穷，过上积极幸福的生活。而贫困，是孟加拉国一直存在的一个尖锐的社会问题。再生银行发展迅速，已将业务扩展到了美国的多个州，成功回收了几亿吨垃圾，极大地提高了居民的环保意识及垃圾分类意识。再生银行为环保事业做出了贡献，也从中赚到了钱。

　　社会创业从 20 世纪 90 年代以来在全球范围内兴起，逐渐超越民间非营利组织的范畴，成长为一种不同于商业创业和非营利组织的创业模式，被认为是一种解决社会问题的创新模式。社会创业最早出现在美国，与美国当时的社会经济背景密不可分。首先，当时美国政府对非营利性组织和福利事业的资助大为削减，同时出台了更多鼓励公民积极参与社会创业的税收优惠政策，为社会创业的诞生营造了良好的外部环境。其次，非营利性组织之间的竞争在加剧，开始为获取有限的资金和资源而相互竞争。在此情形下，非营利性组织必须借用商业化操作和市场化运作手段来提高自身效率，以便更好地提供公共服务。第三，社会问题不断加剧，迫切需要企业承担更多社会责任。面对日趋饱和的市场和日益激烈的竞争，仅靠满足市场需求已经难以确保企业生存，企业往往会采取超出市场本身的方法来提升自身竞争力。而社会企业的出现很好地实现了社会价值和商业价值的双重回报。

> **创业案例 5 - 3**
>
> ### 免费？德国免费公厕年赚 3000 万欧元的商业奇迹[一]
>
> 　　在德国，任何企业都有权经营公共厕所。因为德国的公共事业走的是市场化的路子，通过拍卖承包给一些企业来运作，例如城市的公共交通、城市环保等都是由私人公司经营的。政府也会对一些项目进行投资参股。在德国经营公共事业的企业，政府会在管理及政策上一路"开绿灯"，特别是公厕经营。因为政府认为，公厕经营实现市场化，不仅可以弥补政府资金的不足，加快城市建设速度，方便百姓生活，还可以促进公厕在节能、节水、环保等技术上的创新，同时带动企业将新技术、新发明应用到实际生活中，使科技迅速转化为生产力，是个"多赢"的策略。

[一] 摘自：凤凰财知道，2015 - 01 - 28。

德国政府规定，城市繁华地段每隔500m应有一座公厕；一般道路每隔1000m应建一座公厕；其他地区每平方公里要有2~3座公厕；整座城市拥有公厕率应为每500~1000人有一座。经营厕所能挣钱吗？肯定很难，因为厕所在一个城市的分布是那么分散，修建和运营一个厕所的成本并不低。但是，被称为"茅厕大王"的汉斯·瓦尔在1990年的柏林市公共厕所经营权拍卖会上就跟政府说：你把这个厕所包给我，我敢接，而且承诺免费提供服务。当时，他的竞争对手都认为瓦尔公司疯了。他们算了一笔账，即使按照每人每次收费0.5欧元的高价格计算，光柏林一个城市每年就得赔100万欧元。于是在缺少竞争、承诺免费建厕、只需交纳低廉管理费的情况下，汉斯·瓦尔一举拿下全柏林的公厕经营权。

既然是企业，肯定是以赚钱为第一目标。瓦尔公司的盈利点显然不在厕所门口0.5欧元的投币口上。他们最大的收入来源是广告。瓦尔公司向市政府免费提供公厕设施，而且连这些设施的维护和清洁工作也全盘包揽，作为回报，瓦尔公司则获得了这些厕所外墙广告的经营权。它把柏林的很多厕所外墙变成了广告墙，加之瓦尔公司的墙体费用比一般广告公司低得多，香奈尔、苹果、诺基亚这些高大上的公司都在这儿做过广告，内容还很好看。瓦尔公司不单在厕所外墙做广告，还将内部的摆设和墙体也作为广告载体。考虑到德国人上厕所时有阅读的习惯，他们甚至把文学作品与广告印在手纸上。由于瓦尔提供的公共设施大多出现在机场、火车站、旅游景点和商业街等繁华地段，因此其广告效应相当不错，广告收入是瓦尔公司最大的盈利点。在柏林、法兰克福等5个城市，瓦尔公司就获得超过几千万欧元的广告收入。

此外，当年瓦尔公司在其厕所内安置了公用电话，可以向通信运营商获取一定的提成。国际运通卡组织也是他们的合作对象，持卡者可以用卡消费，这样瓦尔公司又有相应收入。现在他们还跟很多商场周边的餐饮合作，人们上厕所后还能获赠餐券，餐厅会返利给他们。

当然，瓦尔公司也提供付费厕所。他们修建一些高档厕所提供诸如个人护理、婴儿尿布、擦拭皮鞋、后背按摩、听音乐、阅读文学作品等服务。虽然数量不如免费厕所那样多，还是满足了部分人的特殊需要，提高了瓦尔公司的声誉。

瓦尔公司自己成立清洁团队，派出管理车巡查，管理员每天要对当地公共厕所进行3次检查。在柏林，公司的20辆公厕管理车24小时巡视，无论城市哪个角落的公厕出了问题,他们都能及时处理。 由于几乎所有的厕所都安装自动清洁装置,清洁工人数并不多。 依靠一系列的精打细算,瓦尔公司很快就获得了成功。 瓦尔公司在 2003 年战胜宝马和奔驰公司,当选德国最具创意企业。 2009 年,瓦尔公司被全球排名第一的国际性户外媒体公司德高集团(JCDecaux Group)收购后业务发展更加迅猛,目前已经在德国 60 多个城市开展了业务,还将业务拓展到了土耳其。

5.1.2 共享经济的内涵

什么叫共享经济? 牛津辞典将其描述为具有以下特征的经济体:在该经济体中,一些资产或者服务在个人与个人之间分享,可以以收费的形式进行,也可以以免费的形式进行。当今时代分享经济实践特别强调借助互联网进行。互联网作为一种基础设施或者工具,极大地降低了个体与个体之间的信息不对称程度,使得许多分享行为显得更加"经济",从而扩大了共享经济的规模和分享对象的范围。

最近,"零工经济"这个词汇逐渐进入更多人的视野。司机、工程师、设计师、律师和医师等专业人士可以借助互联网平台从事短期工作,甚至以此为生。这类智力或者专业技能的分享提高了资源拥有者碎片化时间的利用效率。经济发展至今,一个很明显的趋势就是参与者日益重视资源使用效率的提高。每个人有很多碎片化时间,这也是资源,甚至具有很高的潜在价值,各类共享经济平台为这类资源使用效率的提升提高了极大便利。

所以,分享行为实质上是闲置或者过剩资源的使用权转让。从宏观角度看,共享经济可以提升全社会范围的资源使用效率;从微观角度看,则可以降低顾客的交易、购买和使用成本,并且资源拥有者可以由此获得收益。所以,共享经济对宏观和微观层面都有诸多好处。

需要说明的是,租赁是共享的手段或者途径。一位顾客租赁的资源可能属于平台另一边的顾客,也可能属于平台所拥有。所以,狭义的共享经济是指 C2C,

而广义的共享经济则还包括 B2C。当然，如果坚持广义标准，那么，似乎许多业务都可以冠以共享的名义，例如多个食客到饭店吃饭，就可以称为共享饭店了。其实，B2C 共享经济特别强调借助互联网等新兴技术搭建共享平台，可以在更大范围内提高共享对象使用权临时转让的周转率。

共享经济的概念其实早在 1978 年就由美国社会学教授马科斯·费尔逊（Marcus Felson）和琼·斯潘思（Joe L. Spaeth）提出来了。雷切尔·博茨曼和路·罗杰斯认为"共享经济"是"跨越所有权的限制去享用不属于自己的产品和服务"，是"我的就是你的"的全新经济模式。共享实践虽然早已有之，但是被政府高度重视也就是近几年的事。2015 年 11 月份，十八届五中全会公报首次提到要发展共享经济。2016 年初"两会"《政府工作报告》则提到，"要推动新技术、新产业、新业态加快成长，以体制机制创新促进分享经济发展，建设共享平台，做大高技术产业、现代服务业等新兴产业集群，打造动力强劲的新引擎。"

为何此时共享经济被高度重视？第一，中国多年来的经济快速发展严重依赖于投资扩张而非消费需求的增长。投资驱动型的经济容易出现产能过剩；过剩产能的存在一方面造成资源浪费，另一方面也可能给金融体系安全带来隐患。第二，中国经济经过多年发展，逐步进入需求约束状态，多个行业竞争日趋激烈，企业降低购买和使用成本的意愿非常强烈。第三，互联网技术近年来迅速发展，尤其是 2015 年中央政府提出互联网 + 行动计划以来，为许多传统行业借助互联网实现转型升级提供了工具。

在此背景下，中央政府希望发展共享经济让闲置资源得以充分利用，闲置资源拥有者也可以实现转型升级，以提高资源使用效率、降低经济风险，并提高经济增长质量。当然，生活类物品的分享规模变大也与这些物品的更新换代加快、顾客追求消费性价比、移动网络技术快速进步、智能硬件迅速普及等因素有关。

第一类常见的共享对象是物质资源。以此为对象的共享经济平台有很多，常见的是车辆共享，例如 Uber、Zipcar、Lyft、SideCar、滴滴、e 享天开等，都是这个领域的企业。除了车辆分享，还有车位分享。随着人们居住集中度和拥有车辆数量的上升，车位显得越来越稀缺。在上海等各大城市开着车找停车位通常是一件很难的事，于是有不少人去整合商务区周边的空余或闲置车位，例如丁丁停车、Justpark 等。另外，还有不少空间分享平台，例如沙发客、Airbnb、比邻空间、创客空间、Y 空间等。其中，Y 空间是一家活动场地（空间）供应平台，为活动组织者提供合适的场地。场地是影响活动质量的关键因素。由于租金太贵或档期不明确，活动组织者会经常碰到找不到合适场地的问题，直接影响活动举办质量。如果能够高效地利用好闲置空间，则有助于活动组织者控制活动成本。通过 Y 空间，屋主可以把闲置的车库、室内空地、别墅、草坪花园、会议室、客厅等场地出租，获得收益。当然，除此之外，还有其他形形色色的物质资源分享行为。

创业案例 5-4

Airbnb[一]

Airbnb 是一个旅行房屋租赁社区，用户可通过网络或手机应用程序发布、搜索度假房屋租赁信息并完成在线预订程序。

1. 发展历程

2008 年项目初期，为了获得项目 AirbedandBreakfast 的运行经费，几位创始人通过做一些边缘业务来保证团队的运作，在美国大选中销售麦片筹集了最初的 3 万美元，后来加入了创业孵化器——Y Combinator 的 2009 年冬季班，获得了 2 万美元的投资。项目正式改名为 Airbnb，很快又获得了红杉资本的 60 万美元的种子基金。通过不断调整目标客户群、整合房屋资源、实行产品差异化管理，Airbnb 在 2010 年到 2011 年一年的时间里实现了 800% 的增长，随后成功地进行了 B 轮融资，金额为 1.1 亿美元，公司估值达到 13 亿美元。截止到 2015 年结束的 E 轮融资给 Airbnb 带来了 15 亿美元的资金，公司估值达到了 255 亿美元，成为仅次于小米、Uber 之后的第三大创业公司。而 Airbnb 的利润全部来源于中介费用，即向租客收取 6%~12% 的服务费，向房东收取 3% 的服务费。

[一] 虎嗅网，短租 O2O 案例研究：Airbnb，2013-07-26。

2. 特色服务

Airbnb 能拥有今天在短租市场重要的地位，主要是因为企业本身惊人的服务。Airbnb 无论是对房东还是房客提供的服务和保障都很完善。Airbnb 为房东制定的房屋保障计划特别细致，对房源规定的物件提供高达 100 美元的保险，使房东免遭由房客偷窃或破坏行为造成的任何损失或损害。对当地个人出租政策不是很完善的国家，Airbnb 出面和政府部门商讨。为了保护房客权益，Airbnb 列出了房东应该满足的义务。例如 Airbnb 平台上的房源应满足安全、可用、清洁方面的最低质量标准，且应与房东提供的描述一致等一系列条款。这是在安全上为房东和房客提供完善的服务。

在可租用的房屋产品上，Airbnb 可算是别具一格，能满足大多数游客的租房要求，也能创造特殊的、旅客无法享受到的体验。例如，你可以以 65000 美元一晚的价格租下奥地利的某个村庄；可以以 50000 美元一晚租下德国某个产酒的村庄，还可以租下整个国家。当然，你租整个村子或国家不能将这个国家的所有居民都赶出去，可是通过 Airbnb 与当地公司合作，你能享受到独特的、仿佛就是为你一个人准备的一个国度。Airbnb 不仅仅是一个可以让旅客找到最好体验的平台，也可以成为一个能让旅客体验到特殊服务的平台。

3. 盈利模式

国内外房屋短租企业的盈利模式有些差别，但总体上是相似的。德国的 Wimdu 主要以向房客收取房租总额 12% 的服务费为主。美国的 Airbnb 也主要从房东与房客交易中抽取佣金。而 HomeAway 同时向房东和房客收费，还有广告费、第三方合作分成以及搜索结果排名作为收入。在中国，蚂蚁短租未来的盈利模式是以 HomeAway 为榜样。途家网是靠托管服务和交易佣金以及市场合作盈利。所以大多数的房屋短租企业都主要以收取佣金为盈利点。

第二类常见的共享对象是无形资源。工程师经验、律师服务、教师智慧、厨师技能等劳动、智慧或者技能都可以被分享。经济生活中自然也就出现了这些资源的分享平台。这些平台可以提供供需匹配服务，专业人士就可以依托这些平台很方便地打零工了，同时也降低了需求者使用这些无形资源的成本。

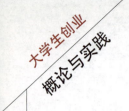

创业实践1：技能学习分享市场

翻转式学习、终身学习等理念的提出，引领了学习经济的发展。作为学习经济的一部分，技能类学习越来越受到人们的关注。为了职业发展，他们通过各种渠道学习职业技能；为了身体健康和意志力的锻炼，他们坚持长跑和去健身房锻炼；为了提升内在修养，开始学习乐器和绘画；为了体验冒险精神，登山、滑雪、潜水也不再是少数人的爱好；甚至出现了大批创造精致生活的达人，例如烘焙达人、厨艺达人、收纳达人……社交媒体的扩散作用，使他们身边的朋友也越来越关注技能学习，从而形成了一个高潜力市场。

技能分享平台企业目前大致可以分为三类：技能学习分享平台、技能出租和众包平台、技能产品分享平台等。

1. 技能学习分享平台

技能学习分享平台一端是有技能学习需求的学习者，另一端是具有技能的专业人士和爱好者。学习者可以通过平台找到想学的技能和专业的教练。技能学习分享平台一般分为两类：一类是垂直领域技能学习分享平台，主要以单门类（例如设计、职业发展、健身等）的技能分享学习为主，代表性企业有 Codecademy、Bussu、在行等；另一类是综合型技能学习分享平台，提供多门类的技能发布和学习功能，例如 Skillshare、Lynda、约单等。各大技能学习分享平台企业如表 5-1 所示。

表 5-1 技能学习分享平台企业一览表

类别		平台名称	类型	特征
技能学习分享平台	垂直领域平台	codecademy	编程技能	Online、B2C
		Busuu	语言学习共享	O2O、C2C
		第九课堂	互联网技能	Online、C2C
		乐刻运动	健身教练	O2O、B2C
		在行	职业发展咨询	O2O、C2C
		领路	职业发展咨询	Online、C2C

㊀ 案例来自复旦大学 MBA 学生贺琪宏的课程作业。

(续)

类别		平台名称	类型	特征
技能学习分享平台	垂直领域平台	勤学网	设计类技能	Online、C2C
		学汇网	平面设计	Online、C2C
	综合型平台	Skillshare	综合技能学习	Online、C2C
		Lynda	综合技能学习	Online、C2C
		CreativeLive	创业技能	Online、C2C
		Curious	短视频	Online、C2C
		Udemy	综合技能学习	Online、C2C、B2C
		Instructables	DIY创意制作	Online、C2C
		约单	本地化技能	O2O、C2C
		约约	本地化技能	O2O、C2C
		喏喏	技能自由发布	O2O、C2C

2. 技能出租和众包平台

技能出租和众包平台上有技能的专业人士为有服务需求的客户提供专业的技能服务，例如：帮企业做一个VI设计（猪八戒网）、请厨师到家里来做一顿饭（爱大厨）等。技能出租和众包平台企业如表5-2所示。

表5-2 技能出租和众包平台企业一览表

类别	平台名称	类型	特征
技能出租和众包平台	Sidetour	生活技能分享平台	Online、C2C
	猪八戒网	设计技能众包平台	Online、C2C
	任务兔	本地化职业技能服务	O2O、C2C
	Thumbtack	本地化专项技能服务	O2O、C2C
	小鱼儿网	技能出租众包平台	O2O、C2C
	爱大厨	私厨上门服务平台	O2O、C2C
	回家吃饭	家庭厨房服务分享	O2O、C2C

3. 技能产品分享平台

技能产品分享平台上，有技能的人通过自己的专业技能制成产品，通过平台售卖给有需要的客户，例如手工技能产品交易平台Esty。国内的设计产品分享平台哇噻网和暖岛以模仿 Esty 为主要模式,技能产品分享平台企业如表 5-3 所示。

表 5-3 技能产品分享平台企业一览表

类别	平台名称	类型	特征
技能产品分享平台	Esty	手工艺技能产品	Online、C2C
	哇噻网	原创设计在线交易平台	Online、C2C
	暖岛	原创设计在线交易平台	Online、C2C

5.1.3 社会创业与共享经济

社会创业与共享经济具有显著差异。社会创业概念强调的是创业目的,即以商业手段来解决社会问题,主要追求社会价值。而共享经济概念强调的是手段,即通过搭建资源共享平台而获取经济价值。

不过,两者也有关联之处,可以通过共享手段来解决某个社会问题。例如,共享经济可以提高资源利用效率,有利于打造资源节约型社会;共享经济也可以缓解城市拥堵、降低污染物排放等,有利于生态环境保护;共享经济还可以开辟就业新途径,创造更多就业机会。

创业实践 2:云南土特产"社交平台+移动电商"模式[一]

云南土特产以药材、民族工艺、名茶、特色饮食为主,具有代表性的产品有昭通天麻、文山三七、普洱茶、蒙自石榴、彝族刺绣、白族扎染及近年来热销的鲜花饼等。在拥有大量资源的同时,云南还有 73 个国家级贫困县,数量位居全国榜首。这些贫困地方大都交通不便、网络覆盖或网络设备不足。当地民众信息相对闭塞,有特产无市场,还停留在"久驻深山人未识"的阶段。不少当地企业还处在手工作坊状态,生产规模较小,生产效率低,行业标准不规范,缺乏产

[一] 案例来自复旦大学 MBA 学生丁妍心的课程作业。

品附加值，产品特色卖点提炼不够，营销意识淡薄，品牌意识缺乏。当地土特产基本只能靠集市交易或商贩收购等较为被动的传统销售方式，更缺乏网络销售人才和渠道，销售渠道单一。

社会化媒体是一种基于移动互联网发展起来的传播信息平台，将个人生活社交圈子网络化。其本质是媒体与人际关系的结合，除了可对外发布信息，还能让人们相互交流互动，并通过朋友圈或关系网迅速建立起自己的基于网络信任的社交圈。

基于此，可以探索土特产"社交平台+移动电商"模式，通过社交平台的用户好友等关系网络，在朋友圈互动、分享，引发传播扩散，实现产品口碑推广、品牌形象塑造、打造高品质的客户关系营销圈。该模式可跨越区域限制，便捷地将小农户与大市场紧密地联系在一起，缩短交易环节，节省渠道费用，与客户更便捷沟通，降低交易成本。微信平台上还可以实现网上宣传、接订单、支付、客户服务等营销、售前和售后服务，挖掘潜在客户，及时沟通，有效促成交易，且更易实现口碑传播，有效避免农产品卖出难问题，还能避免因信息不畅而导致的土特产结构性、季节性、区域性过剩，还可通过预售或团购等方式，降低土特产滞销的风险。

创业案例5-5

Zipcar——传统租车行业颠覆者[一]

Zipcar模式结合了智能交通和汽车分享概念，通过一个利益相关者的交易结构，不但有效地提高了汽车使用效率，更能让用户享受到真正便捷的出行。Zipcar的目标客户主要是年轻、受过良好教育的城市居民。它将客户群划分为个人、商业用户和大学，通常情况下，传统的租车公司不向小于21岁的顾客提供服务，原因是年轻用户处于危险年龄段，保险公司收取的保费较高。但Zipcar践行自己传统租车行业颠覆者的角色，通过与一些大学合作，把大学生良好的行车记录

[一] 来源：i美股，作者：申文风，2011年04月22日。

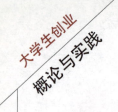

拿给保险公司过目，争取到较低的保险费率。通过这种方式，他们陆续拿下很多学校，并与保险公司签约。Zipcar 为此设计了一个个校园汽车分享计划，覆盖 150 多个校园，该计划目前已成为 Zipcar 的主要收入来源之一。更重要的是，从客户年轻时就培养了对 Zipcar 的忠诚度，现在公司大约 2/3 的会员都在 35 岁以下。除此之外，Zipcar 还对地区人口数据进行调查，然后到客户居住密集的地区集中与他们接触，用区域营销进行一点一滴的渗透。

Zipcar 的价值主张是让目标客户租车时方便快捷并且感觉舒服。它致力于将自己打造成顾客租车时最便捷和经济的途径。公司所有的举措都是围绕着经济和便捷，努力降低客户租车所需的金钱和时间成本。具体举措为：预定快捷，取车容易，维护简单和支付方便，并让整个租车流程简单。Zipcar 有一个口号，叫做"你身边的轮子"，强调无论你在哪，步行 7 分钟就能开上你想要的车。会员只要打电话到客服专线，或上公司网站，就可以轻松租车。Zipcar 开发了高科技后勤支持系统来支持这样的便捷服务。

Zipcar 一直将自己视为公共交通的一部分，甚至认为自己是城市交通拥挤解决方案的提供者，与公共交通形成价值互补。他们时常把自己叫作公共交通的完善者和环保交通卫士。Zipcar 因此有了一个环保护身符，不买私家车而租车的人群从某种意义上也戴上了一个热爱环保的帽子。另外，租车可以有更多的选择和款式是吸引会员放弃私家车的一个关键。

5.2 平台企业商业模式

本节主要内容有：

1. 平台模式的内涵；
2. 平台模式的特征；
3. 同边网络效应与跨边（交叉）网络效应现象；
4. 平台模式设计的关键。

创业案例 5-6

Practice Fusion[一]

Practice Fusion 于 2005 年成立,最初以 300 美元/月的价格向医生推广其电子病历系统。但由于竞争激烈,尽管价格降到 50 美元/月,公司业绩依旧毫无起色。2009 年,为推进医疗改革,美国政府颁布法案,规定诊所中 2015 年前使用电子病历系统的医生,将会获得 4.4 万~6.4 万美元的医疗保险奖金,反之,将要接受罚款。当时,电子病历系统在美国价格不菲,几年使用费往往需要数万美元,让很多医生望而却步。

在此背景下,Practice Fusion 顺势推出免费系统,医生仅需同意将系统生成病历所有权让渡给该公司。很快,公司用户数从 2009 年的几百名增加到约 10 多万名,给公司提供了大量病历。同时,公司仅 2012 年就为小型诊所带来约 1 亿美元的政府奖励。除奖励之外,公司的系统也大大方便了医生的工作,可便捷填写病历,还能查看患者以前的病历,并与患者以前的医生(即使在不同医院、诊所)一起探讨诊疗方案。该系统还与美国三家最大的网页账单公司联网,帮助医生与保险公司处理患者账单。此外,系统还能够自动识别处方内容,避免人为失误造成的患者死亡。2011 年,系统曾检测出 7390 次能够产生致命药理反应的复杂处方并提醒医护人员谨慎执行。

向医生免费,向谁收费呢?Practice Fusion 在不影响工作的前提下,在每页病历下方推送一条很小的广告,配以精确的关键词匹配,广告投放非常精准。医药公司也非常愿意为这样的广告掏钱。2012 年,公司广告收入已达数千万美元,成为公司的主要收入来源。真正的金矿是病历背后的大数据。信息决定了医疗的未来。对于医药公司以及研究机构来说,药品的临床效果、医生在开处方时的药品选择的偏向以及近年来的健康趋势,都是药品研发以及产品销售最宝贵的资料。而每种疾病与年龄、身体状况以及其他各种因素的相关关系,对于保险公司的保单设计更是起着决定性作用。Practice Fusion 迅速成为美国最大的医患社区和基于云计算的电子病历系统。

[一] 选编自"鲸彩医疗器械商"。

创业案例 5-7

P2P 网络借贷公司[一]

P2P 借贷是 peer to peer lending 的缩写,即由具有资质的网站(第三方公司)作为中介平台,融资方即借款人在平台发放借款标,投资方进行竞标向借款人放贷的行为。在 P2P 网络借贷过程中,资料与资金、合同、手续等全部通过网络实现,它是随着互联网的发展和民间借贷的兴起而发展起来的一种新的金融模式。

从本质上看,P2P 借贷是一种古老的资金融通方式。传统的民间借贷多以个人直接向个人借款的方式进行,借贷行为是点对点的,不经过任何第三方机构。在这种形式下,借贷的价格由借贷双方根据资金的市场行情进行约定,交易速度快、成本低。这种民间借贷方式在中国沿海地区非常盛行。然而,传统点对点的民间借贷范围有限、需求匹配难度大、风险高,一般只能局限于熟人圈,市场半径小,规模很难扩大。

随着互联网的兴起和信用环境的不断成熟,互联网的连接作用使得数量众多的借款人和投资人能够建立起跨地域的联系,并打破了熟人的限制,点对点借贷关系的市场半径被极大扩展,基于互联网的 P2P 借贷应运而生。世界上第一家 P2P 网络借贷公司 ZOPA 于 2005 年 3 月在英国伦敦成立。一年后 P2P 借贷传入美国,现在为止较大的 P2P 借贷公司有 Lending Club、Prosper 两家,其他 P2P 借贷公司还有 Social Finance、Common Bond、Funding Circle 等。

国外的 P2P 平台大多从网络上直接获取借款人和投资人,直接对双方进行撮合,属于纯信息中介模式,如图 5-1 所示。纯信息中介模式的最大特点以纯信用标为主,借款额较小,对借款人的信用审核和评估也很大程度依赖于互联网,通过客户自己提供的一些资料和客户网络行为的分析进行信用评估。这种模式最接近于原生的 P2P 借贷。平台强调投资者需要承担风险,平台承担的风险较小,一般通过风险准备金对投资者进行一定程度的保障。但目前这种模式业务扩张能力

[一] 选编自复旦大学 MBA 学生温漪岚的学位论文。

有一定局限性，增长速度慢，因此国内采用纯信息中介平台较少，最典型的是拍拍贷。该模式的优点是，无地域限制，充分利用了互联网特性，同时完全符合中国金融监管的要求，不触及红线。缺点在于，如果没有客户基础，借款人和投资人"两头在外"，运营难度高，很难在短期内实现盈利。

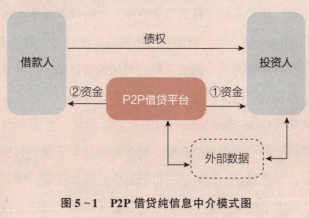

图 5-1 P2P 借贷纯信息中介模式图

  Practice Fusion 构建了一个多方平台，参与者包括患者、医生、药厂、科研机构、保险公司等；而 P2P 借贷作为一种基于网络平台的点对点借贷模式，参与者至少包括借款人和投资人。无论是 Practice Fusion 的电子病历软件系统，还是 P2P 网络贷款平台，都属于平台模式。从广义上讲，平台是一种交易场所。平台运营方设定一系列规则，参与者依照这些规则进行交易和业务往来。最早的平台之一是古希腊的集市，即临近码头的一些指定场地，商贩可在其中进行商品交易。近年来，互联网等技术的出现催生了一大批各领域的新型平台。

  现在，媒体所讲的平台企业多指借助互联网所构建的交易场所。交易有买卖两方，互联网企业可作为第三方为买卖双方提供服务。这种交易平台与传统市场不同，不仅在于平台企业可以促成交易，而且买卖双方中任何一方的数量越多，越能吸引另一方的参与，这被称为跨边网络效应。

  根据以色列经济学家奥兹·夏伊（Oz Shy）的定义，"当一种产品对用户的价值随着采用相同产品、可兼容产品的用户数量增加而增大时，就出现了网络效应。"网络效应也称需求方规模经济性，是指产品价值随着购买这种产品及其兼容产品的消费者的数量增加而不断增加，也称为同边网络效应（Same-Side

Network Effect）。例如电信系统，当人们都不使用电话时，安装电话是没有价值的；而电话越普及，安装电话的价值就越高。其实，同边网络效应包括直接网络效应和间接网络效应。前者是指消费相同产品的市场主体数量所导致的直接物理效果而产生的外部性，例如传真机、电子邮件、微信等。后者是指随着某一产品使用者数量的增加，该产品的互补品数量增多、价格降低而产生的价值，例如计算机操作系统、Santana轿车等。有同边网络效应的平台才会产生赢家通吃现象，不是每一个平台都有很强的同边网络效应。例如免费报纸，向读者免费，向广告商收钱，属于平台模式，但其同边网络效应没那么强。

跨边网络效应（Cross-Side Network Effect）指的是，市场一边的用户在市场中获取的价值取决于另一边用户的数量。例如滴滴打车平台，司机越多，乘客等待时间可能越短；乘客越多，司机空驶可能越少。再如报纸，读者多了，就会吸引更多广告商；淘宝上的卖家多了，就会吸引更多买家。所以，跨边网络效应通常会导致强者愈强，最后导致寡头垄断或者赢者通吃。

什么样的平台能够赢者通吃？通常应该具备三个特征：①同边网络效应强。采用Practice Fusion病历软件的医生越多，该软件越能够吸引更多医生，因为便于同行交流、还有互补品的可得性在提高。②跨边网络效应强。Practice Fusion平台上的病人和医生数量越多，平台所收集的信息就越多，就能吸引更多药厂、科研院所和保险公司。③转移成本高。采用Practice Fusion病历软件的医生向平台许可了自己的病历版权，如果更换软件，将带不走以前所开病例。同时，一旦熟悉了Practice Fusion病历软件的操作，再更换为其他软件，医生将需要花时间学习其他软件操作。

在网络效应概念基础上，就可以讨论平台模式的类别了。平台企业作为第三方为买卖双方提供服务，它对每笔交易分别向买方和卖方收取费用。如果在平台上实现的交易量仅仅依赖于总的价格水平，而对总价格在买方和卖方之间的重新分配不敏感时，该市场就是单边市场。与此相反，如果当价格总水平保持不变时，交易量随着价格结构的变化而变化，那么这个平台市场就被称为双边市场。

也就是说，双边市场不一定需要具有同边网络效应，但一定得具备跨边网络效应。所以，双边市场应该具有两个鲜明特征：①作为交易平台，互联网企业同

时向交易双方提供相同的或不同的服务，这些服务在促成交易双方达成交易方面是相互依赖、相互补充的。只有交易双方同时出现在平台上，并同时对该平台提供的服务有需求时，平台的服务才能真正体现其价值。②跨边网络外部性。交易平台上买方（或卖方）的数量越多，所吸引的卖方（或买方）的数量就会越多。

作为双边市场的第三方平台，互联网企业为两边提供服务，但互联网企业的商业模式常常被概括为以免费聚集"人气"，也叫"吸引眼球""注意力经济"，所以如何通过免费与收费发挥交易平台的网络外部性，是互联网企业的一个重要课题。

创业案例 5-8

威客模式⊖

威客模式是典型的双边市场。"威客(Witkey)"是刘锋杜撰的一个词，意指可以让智慧、知识、专业专长通过互联网转换成实际收入的人。按照这一思想，刘锋建立了威客网 witkey.com，试图将中国科学院的专家资源、科技成果与企业的科技难题对接起来。威客网站上的用户按照其行为可以分为两类：需求者和服务者。其中需求者提出难题和发布任务，在获得合适的解决方案后支付报酬给服务者。服务者接受任务，当服务者的解决方案得到需求者认可后，服务者获得约定的报酬。在威客模式中，每一个人都可以将自己的知识、技能、经验、学术研究成果作为一种无形的知识资本通过网络进行销售，通过威客网站让自己的知识、经验、成果转化为个人的财富，同时也可以通过网络来索取知识与寻求帮助。

无独有偶，中国人提出威客模式，美国人也杜撰了一个词叫 Crowdsourcing，译为"众包"。众包指的是一个公司或机构把过去由员工执行的工作任务，以自由自愿的形式外包给非特定的大众网络的做法。与此对应的是外包 Outsourcing，外包是把任务包给特定的人，强调的是高度专业化，通常有较高的费用。众包是一种悬赏，向公众寻求解决方案，以公开招标的方式传播给未知的解决方案提供者群体。

⊖ 《创新型企业研究：网络化环境，商业模式与成长路径》清华大学出版社，2016，司春林。

众包是为通过业余人士或志愿者利用他们的空余时间提供解决方案,所以企业可以在花费较少的情况下探究和讨论想解决的问题,而且有了结果才付费,有时甚至不用付费,就可以利用比自己组织内部更广泛的人才。

众包模式已经对一些产业产生了颠覆性的影响:一个跨国公司耗费几十亿美元也无法解决的研发难题,被一个外行人在两周的时间内圆满完成;过去要数百美元一张的专业水准图片,现在只要一美元就可以买到。威客与众包在国内外已经有不少成功的案例。

威客与众包实际上是同一种商业模式,只不过视角不同。威客与众包都有三个要素构成,也就是双边市场中的三方:一方是提问者,或求索者,也就是需求方;另一方是回答者,或解决者,总之是供给方;还有一方是网站平台。威客模式是从供给者的角度出发,如何利用自己的智慧、知识、经验等为需求者提供解决方案。而众包模式是从需求者的角度,如何利用外部的公众的智慧、知识与经验,解决企业内部的难题。

平台模式的设计包括以下关键点:

1. 关注平台所提供价值主张与顾客需求的匹配度

价值创新与创造是商业模式设计的出发点。也就是针对目标顾客的需求和困扰,企业借助自身资源禀赋,有时还需要整合外部资源,设计并提供一种有效解决方案(产品或服务)。如果有效地解决了目标顾客的困扰或者满足了他的需求,就意味着企业为顾客创造了价值,顾客就愿意购买企业所提供的产品和服务,企业也就找到了安身立命的根本。千百年的商业史都是如此。这种不变的商业逻辑就是商业本质。

在此问题上,如果商业模式设计者高估了自己对目标顾客痛点和需求的理解,就有可能为商业模式失败埋下隐患。例如,大城市商务区附近很难找到停车位,而商务区附近有很多居民小区,不少居民在工作时间开车外出上班,他们的车位多数就会在白天处于空闲状态。于是,有人就设计了一个平台商业模式,试图把商务区附近小区里的车位信息放在平台上,供白天到商务区办事的司机们使用。他们认为司机肯定有此需求,而且需求规模还不小。但是,该模式还涉及车位的供给意愿。生活在商务区附近小区里的居民有多少愿意把自己的车位短时出租来获得收入？有时候你认为自己所提供的产品和服务是目标顾客所需要的，而实际上也许是一种伪需求。

在共享单车服务出现之前，大城市的人们通常采取走路、乘出租、坐公交、骑自行车等方式来解决最后三公里的交通问题。但是，对于许多年轻人来讲，走路嫌累，打出租嫌贵，坐公交嫌慢，骑自己的自行车太揪心（担心被盗）。在此背景下，一些公司基于定位、移动支付技术等新兴技术提供单车共享服务，比较有效地解决了目标顾客的痛点。当然，目前过高的交易成本使得此类平台面临着不确定性。

总之，先创造顾客价值，然后才能创造企业价值。在这个问题上，企业家应该关注自己所提供的产品和服务与目标顾客需求和痛点之间的匹配度，保证平台所提供的价值主张正是目标客户所需要的。我们可以看到很多因创业者高估了自己对目标顾客痛点和需求的理解而导致创业失败的例子。一个常见的现象就是，不少平台创业者经常说，我的技术水平石破天惊，我的产品质量非常优秀，产品和服务不缺顾客。但是，你问过你的目标顾客吗？他们是否具有你所想象的那些需求？具有这些需求的顾客数量规模如何？市场潜力是否足够大？

创业案例 5-9

嘉信理财：单一来源系统

1975 年，美国证券与交易委员会解除了对固定佣金的限制。在传统经纪公司还提供包括咨询、顾问、交易代理等一条龙的全方位服务时，嘉信理财率先推出折扣交易，投资者只需为交易付费，而不用支付咨询等费用。在折扣股票经纪大量出现之后，嘉信通过率先引入电子化交易系统，为客户提供增值的折扣经纪业务而再次领先对手。

接着，嘉信理财投资于互联网基础设施，为投资策划师提供服务。与其他证券公司把投资策划师看作竞争者不同，嘉信把投资策划师看作客户、盟友和接近投资者的渠道，从而为投资策划师提供低成本、高效率、公平和独立的交易结算服务。嘉信成为投资策划师的后台管理人，并通过与他们的合作扩大了客户资源。

后来，美国共同基金数量的急剧增长给投资者带来了两个问题：如何在大量没有品牌的基金中进行选择，以及如何才能方便快捷且低成本地进行基金的买卖。同时，基金数目的剧增也使基金公司的营销成本增加，效率下降。在此背景下，嘉信理财创造了一种"单一来源"（One Source）的共同基金零售业务系统（如图5-2所示），通过在基金公司和投资者之间建立一个高效的交易平台，使个人投资者能同时与多家基金公司交易，也使基金公司能快速高效地找到投资者。通过这个系统，投资者可以免交易费进行投资，基金公司能够通过少量费用找到基金购买者，降低了双方成本。

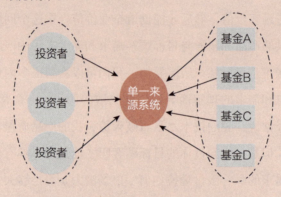

图5-2 嘉信理财共同基金零售业务平台

2. 审视平台自有资源禀赋与资源整合能力对价值主张的支撑性

平台企业不仅需要考虑价值主张与目标客户需求之间的匹配度，还需要考虑自身的资源和能力对价值主张的支撑性。也就是需要审视自身所具备的资源与能力是否足够支撑所许诺的价值主张。例如阿里推出支付宝业务解决了电子商务交易双方存在的缺乏互信问题；猪八戒网推出创意宝服务解决创意交换过程中出现的信任问题；InnoCentive作为创意交换平台，拥有一个强大的科学家团队，进行问题的定义与表述，方案的评审和筛选。这恰恰是提出任务的客户所需要的。

忽视该问题所导致的创业失败例子也有很多。许多平台创业者往往会沉醉于自己所设计价值主张的"精妙"和"有效"，却对平台自身资源能力的支撑性视而不见，最后落个"心比天高，命比纸薄"的结局。当然，目前商业实践进入

所谓的价值共创时代,许多竞争不再是"你""我"之间的竞争,而是"你们"与"我们"之间的较量。在此背景下,许多平台企业非常重视自身商业模式的开放性,纷纷设计相应的机制,构建价值网,有效整合企业内外部资源,共同为顾客提供有效解决方案。

3. 平台设计有效价值分配方案,提高各方积极性

既然商业价值往往需要由多个利益相关者一起创造,那么,平台企业就应该设计有效的价值分配方案,体现"参与约束"和"激励相容"原则,让各利益相关者都能够从平台所设计的商业模式中得到好处。只有这样,你所设计的商业模式才能众人拾柴火焰高。例如,前文提到美国再生银行就构建了一个平台商业模式,让居民、商家和政府都从中受益,自己也赚到了钱,是垃圾处理问题的一个成功案例。具体来讲,政府减少了垃圾收集补贴支出,同时再生银行的业务有助于在全社会范围内建立资源节约利用、环境保护的长效机制;商家获得了顾客(被导流)、良好的社会形象以及政府在税收等方面的优惠政策;居民获得了垃圾销售收入(积分)并为环保事业做出了贡献。该模式迅速被复制到全美的许多城市。

在价值分配方面,建立在信息不对称甚至欺骗基础上的商业模式是不会长久的。随着博弈次数的增加和新兴技术的普及,不少信息在各利益相关者之间的不对称程度会日益降低。只有那些为顾客、利益相关者和企业自身真切创造价值的商业模式才是可持续的。

创业案例 5-10

滴滴出行㊀

2008 年中国的汽车产量达到 1700 万辆,超过美国成为全球最大的汽车生产国。2010 年苹果智能手机的饥饿营销让中国消费者感受到了和以往不同的生活体验,手机可以作为微电脑对需求进行智能化处理。2011 年 1 月 21 日,微信诞生,

---

㊀ 选编自复旦大学 MBA 学生朱晓姝的课程作业分享。

接着实现手机支付功能。2012年乘用车销量1549.52万辆。私家车进入千家万户的同时，对出租车市场开始产生数量上的冲击，但是并没有出现整合私家车供给端的行业平台。2012年6月6日，北京小桔科技有限公司成立。2012年9月9日，滴滴打车正式在北京中关村上线。现在，滴滴出行（2015年9月，滴滴打车更名为滴滴出行）每天为全国超过1亿的用户提供便捷的租车服务和更加本地化的生活服务。

滴滴打车在诞生之初就拥有非常清晰的市场定位：汽车租赁移动互联软件平台型公司。滴滴团队利用互联网技术构筑了快速响应和租赁优化的移动互联平台，并且通过跨界整合来占据汽车产业链中租赁业务这一价值环节。从价值分布的维度进行分析，滴滴打车已经穿越时空跨越地域成为全国性汽车租赁平台。社会闲置车辆资源和林林总总的汽车租赁需求对接已经离不开滴滴出行。

产品/服务共同构筑的价值主张源于需求/满足的匹配更新，市场需求端产生必然带动市场满足端产生。滴滴打车在车辆需求方面着手，轿车和客车作为民用市场的基本需求车辆类型，各种形式的租赁应运而生。上下班高峰的专车和快车成为主打产品。在人员需求方面，司机群体的增速扩容使得私家车司机成为租赁市场满足端已毫无悬念。当城市化进程快速推进的同时，高效的出行已经成为必然趋势。城市生活对用车时段、响应速度、车辆类型，服务热情的需求与日俱增。

互联网的整合已经成为必然趋势，获得资源需要付出成本而且耗费时间，跨界整合最容易做大规模。资金整合方面滴滴共获得A轮金沙江、B轮腾讯、C轮中信产业、D轮淡马锡共计8亿1500万美元股权融资，利用充足的资本保证稳定的内部团队、迅速的技术迭代和猛烈的市场扩张。2015年2月，滴滴通过行业整合将滴滴打车与快的打车进行战略合并，完成竞争对手战略整合，共同狙击竞争对手——国际巨头优步。2014年12月，通过股权融资的方式，滴滴完成国际战略资源整合，获得淡马锡、国际投资集团DST、腾讯主导投资，开拓了国际化道路，为今后进军国际市场打下了伏笔。

租车业务是滴滴出行的主要业务，根据乘客需求的不同，滴滴出行推出了丰富的产品线组合。毫无疑问，专车是商务市场用车的主打产品，主要用于满足早晚高峰和日常时段的短期租车需求。滴滴出行会按照赢者通吃原则整合所有汽车租赁业务。除此之外，滴滴巴士的推出满足了群体定制化线路需求。目前北京已经开通11条线路。随着业务拓展,幸福年日租市场用车主要用于满足整日租车需求。作为传统电调用车的平行替代者,滴滴租车的推出本质在兼顾新旧租车模式而产生利益分配的权宜之计。租车业务必然涉及司机,司机服务租赁也已经列入滴滴的战略蓝图,代驾可以满足私家车聘用司机的短暂需求,而试驾主要用于满足司机培训的短暂需求。

滴滴出行利用互联网的信息融合作用从出租用车入手,不断颠覆传统的车辆租用方式,商业模式的根本还是如何设计收入来源和运营成本。滴滴出行的盈利模式也会随着业务发展不断调整。以下是我们能够看到或者推断的盈利模式。

- 佣金收益:目前滴滴打车从每次司机和乘客的交易中提取部分作为平台佣金。
- 利息收益:资金池的金融信贷收益可以获得7天动态短期资产授信利息。
- 广告收益:2014年03月,用户数超过1亿,司机数超过100万。汽车行业广告受众形成。
- 配件收益:根据租车数据的整理提取车辆易损件的技术数据来完成汽车后市场的二次销售。
- 信息收益:大数据产生的交通管理信息将对政府公共交通管理和汽车产业发展提供详细精确的数据报告。

5.3 女性创业知多少

本节主要内容有:

1. 女性创业的动机、意愿;
2. 女性创业的优势、挑战;
3. 两个优秀女性创业案例;
4. 总结——女性创业从我做起。

我们都知道创业是一个非常艰难的过程，创业者是具有敢于冒险的创业精神，能够发现机会、整合资源、提供市场新价值的事业催生者和创造者。那么在这样一个创业者的队伍当中，我们来看看女性创业的现状。

全球创业观察中国报告的数据显示，2016年中国创业活动指数是10.3；中国女性创业者相对男性创业者的比值是0.73，性别一致性排名23/65，中国的女性创业者在全球的创业活动中来看非常活跃。

国务院新闻办在2015年9月发表了一份白皮书，其中数据显示，中国的女企业家数量约占企业家总数的25%。

美国风险协会的总裁Mark Heesen说：在当今时代，女性创办企业的速度快于男性。对于风险投资人来说，在指导、培训女性成为风险投资人、企业主、技术专家、企业家和政府领导人方面采取积极的行动是大势所趋，所以，女性创业目前非常活跃。

女性创业主要涉及的行业以制造业、批发零售业、服务业为主，目前的创业行业特点是科技含量普遍较低，女性在未来的科技创业领域有很大的空间。女性创办的企业目前以小规模为主，初创资金多为自有资金。在管理方式上，女性创业注重培养和员工的感情，但也存在直觉和经验管理。女性创业的最大困难是筹措资金和项目选择这两方面。我们虽说"女性能顶半边天"，但在社会中隐性性别歧视依然存在，所以女性创业有优势也存在一些壁垒。

关于女性的创业动机，可以分为以下几类：

首先，是来自于生存的压力。由于前景黯淡，生存的压力迫使一些女性做出勇敢的抉择，为了冲破生活的阻力进行创业；其次，一些女性通过创业实现自我价值，她们对原来的工作还算满意，但是还希望有更好的机会来驱动自己实现更好的人生价值；第三，来自于她们对于家庭和社会的责任感，女性创业者感觉自己更加自由，能够自己掌控时间，兼顾家庭和事业的平衡；还有中国政府的推动和政策的支持，"大众创业，万众创新"的大背景下，女性的创业得到更大的支持和许可。

所以女性的创业动机，有时是生存的压力，更多地则来自自我价值的实现，和家庭、社会责任感的体现，以及政府的政策支持。

最近有学者研究女性创业者的领导类型，分为以下三种：

首先是聚焦组织的女性创业型领导：聚焦在组织或公司的女性领导，她们树立创业愿景，建立共同的创业理念，有共同的创业行动来实现组织的创业目标，其特点包括变革心智，培育创新，掌控风险，整合关系。其次是聚焦领导者的女性创业型领导：这种类型领导表现出亲和力强、正直诚信、积极乐观、决策果断以及坚忍不拔。第三种是聚焦员工的女性创业型领导：她们像母亲般地指导员工发挥个体的潜质和能力，促进员工的发展，她们的特点包括母性关怀和积极的支持。这样的女性特色创业者有亲和力和感召力，人们愿意跟从这样的领导一同创业。

借用战略管理中的SWOT分析，我们可以看到女性创业的优势、劣势、机遇与挑战。

优势方面，从性别角色（Gender Role）的角度来看，男性的角色通常为注重工具性（Instrumentality）、有能力（Competence）、自信（Assertiveness）、独立（Independence）；而女性的性别角色通常表现出温暖（Warmth）、养育（Nurturance）、知识（Knowledge）和同情（Compassion）等特征。

劣势方面，女性在生理因素方面存在一些限制，创业是一个需要脑力、精力、体力的艰苦卓绝过程，因此女性在艰难创业的过程中需要更多的精力，属于劣势。此外，还存在一些社会网络方面的限制。女性的社会网络和男性的区别在于，女性的社会网络当中包含了更多的亲朋好友，而男性的社会网络中则包含更多的工作伙伴。由于中国传统文化的限制，使得女性相比男性没有和掌握关键资源的人频繁交往，女性有时缺乏和商业网络社会交换的合适的社会资本，因此女性往往更难得到社会网络支持。所以女性需要更加主动，来获取更多的社会网络资源。

机遇方面，随着第三产业的蓬勃发展，女性有天生的直觉、理解力和柔性协调性，这些决定了他们在管理上具有男性无法比拟的优势。从这个意义上说，女性在服务业方面创业更有优势。现实中的女性创业服务多发生在创意服务业咨询、科技服务、教育服务、生活服务等服务类领域、教育类领域。现在计算机和互联网技术的迅猛发展，女性可以通过微商、互联网商业、B2B、O2O等等不同的商业模式实现创业，在这样的环境中，女性创业的机遇非常广阔。

挑战方面，首先体现在融资渠道不畅。由于自身的利益考虑和传统观念的影响，金融机构的贷款偏向于向男性倾斜，人们更多地认为在经济活动中男性更为稳重，更能够及时还贷，有信任感。在女性与金融机构打交道的过程中还会存在信用歧视的行为，因此，女性的融资渠道需要拓展。其次，传统观念影响深远。中国受到传统儒家文化的影响，通常认为男主外女主内，所以女性创业者会被认为"女强人"或"不安分的女人"。处在这种环境中，女性创业者承受着比男性创业者更大的压力。

创业案例5-11

女性创业

蜜芽宝贝的创始人刘楠、Vera Wang婚纱的创始人王薇薇，她们的创业经历告诉我们巾帼可以不让须眉。

蜜芽宝贝的刘楠，2002年以陕西省文科高考第三名的成绩进入北京大学新闻传播学院学习，先后获得新闻学和艺术学双学士学位，大众传播硕士学位，也是北大第一家通讯社新传社的创始人。2008年，刘楠毕业进入陶氏化学做管培生，2010年，幸福的刘楠怀孕辞职做全职妈妈。2011年她的淘宝店开业，在两年内做到四皇冠，销售额超过3000万元。2013年，她有些迷惑，只是卖货赚钱对她来说并没有什么吸引力，于是她通过北大校友会主动找到校友徐小平，顺利拿到投资，从进口母婴用品特卖切入，转做自营电商平台。此后，她便站在了跨境电商和母婴用品的风口上。

首先作为创业者，刘楠的特质主要有：决策欲望、好奇心、激情、"不折腾不成活"、能够把握机遇、有敏锐的洞察力。刘楠说："其实我做这行完全是偶然，不过我身上的某些特质也决定了我创业的必然性。"

在三鹿奶粉三聚氰胺事件发生之后，到国外购买奶粉纸尿裤这些婴儿产品，成了中产阶级许多妈妈的选择。当时大部分电商并没有开通跨境购物的服务，国外的品牌商也依然依靠着最原始的代理商、经销商在几个城市的固定地点售卖部分产品，海淘妈妈们面对各种行货、贸易货、水货焦虑不已。刘楠很快就成了行家里手，陆续在网上发布了几百篇关于母婴产品的科普贴，并且开始考虑其中的创业机会。

其次，刘楠能够进行理性分析。她说："信任危机是妈妈们遇到的最大问题，如何持续吸引妈妈们的注意力，并将之转化为网站流量，这是母婴电商的成功关键。"传统的电商依靠烧钱赚取流量的方式并不长久也不适用。因此刘楠提出想法：能否开一家店让妈妈们放心购买正品行货？

第三，刘楠说创业需要死磕精神。当时花王在北京的代理商是北京一商集团，为了拿到花王纸尿裤的代理权，刘楠每天给一商集团的张总打电话联系，张总不愿意见刘楠，刘楠就直接开车到公司在楼下等，也许是这种死磕精神感动了张总，最后他同意让其与花王的负责人见面。三人面谈之后，刘楠成功说服了花王拿到了经销权。创业的确需要这种死磕精神。

徐小平在投资前问她，如果有能力，她想做什么？刘楠说："我想做最好的母婴产品，甚至做自主品牌。"最后徐小平决定投资刘楠。徐小平能够在刘楠3个小时的产品介绍中感受到她对母婴产品的了解和热爱，正是她身上的执拗和韧性说服了徐小平。

这个案例告诉我们，从自身的经历出发，可以找到好的商业机会。我们再来看看王薇薇的励志创业故事，Vera Wang 婚纱。

在美国，有这样一句话：未婚的女人想要一套 Vera Wang 婚纱，离婚的女人想念那套 Vera Wang，再婚的女人庆幸自己可以再拥有一套 Vera Wang。"对于女人来说，一生当中最重要的时刻就是举行婚礼，那是女人梦想的开始。"Vera Wang 创始人王薇薇说。

然而，她的创业之路并非一帆风顺。首先，要积累创业资本。和很多创业创始人一样没有资金，需要打工的过程积累创业资本。王薇薇到纽约麦迪逊大道的 YSL 精品店打工，不久后进入《Vogue》工作，她在时尚前沿工作了16年，从撰稿人到最年轻的资深编辑，再到美国版《Vogue》，依靠她出类拔萃的实力和刻苦奋斗的精神，1988年王薇薇进入 Ralph Lauren 担任服装设计总监，这是一个积累资本的过程。

其次，产生创业动机。1989年王薇薇和高尔夫球商亚瑟贝克宣布结婚，她为此访遍了美国各大婚纱店，希望选择一款中意的婚纱来匹配属于她的婚礼艺术，但她没有如愿。她对于艺术的苛求让她决定自己亲自做嫁衣，这件婚纱让所有的婚礼嘉宾大为赞叹，也让她有了创建婚纱店的想法。所以，她也是从自身的经历出发进行创业。

她的创业历程如下：

1990年，王薇薇用家族赞助的400万美元在曼哈顿开设了第一家Vera Wang的门市店，现代、简单、尊贵、端庄的风格打破了繁复奢华的传统。Vera Wang这个名字逐渐在上流社会打开了知名度。她为Nancy Kerrigan——当时美国的花样滑冰明星，设计参赛服装，从1992年起，为美国女子队设计冬奥会的队服，两年后，王薇薇成为美国家喻户晓的人物，她的时装之路是从奥林匹克竞赛场上开始的。她真正出名还是凭借每年的奥斯卡颁奖典礼以及娱乐圈各大明星的婚礼。她觉得时装是一种人生隐喻，时装背后有着人们喜怒哀乐的鲜活生命。婚纱，对于一个女人来说，是从穿衣打扮这一最简单的层面，一眼关乎未来婚姻生活的序曲，她将艺术的思维融入品牌，建立了一个庞大的时尚帝国。

在了解了这两个案例之后，你是否也有了创业的想法呢？

女性创业，从我做起。首先要有创业的意愿，其次是创业的能力，然后去实践。女性创业充满了艰辛，创业过程中的团队管理、体验和经历非常重要，在创业中提升自己的素质和能力，学习积累先进的管理经验，利用网络平台充分学习，一同进步。

5.4 你了解创业机构与政策吗？

本节主要内容有：

1. 政府、国家有关创业的政策规定；
2. 创业初期可以获得帮助的途径；
3. 我们应该如何看待创业？

通过之前课程的学习，我们已经了解了创业的机会在哪、谁是创业者、创业的过程、精益创业和精益战略，以及创业过程中的一些现象，例如共享经济模式、平台模式和女性创业等等。

最后为大家提供一些相关信息，创业从来不是一个人在战斗，有很多政策、机构和个人能够在这个过程中给我们带来帮助。有了"高人指点、贵人相助"，我们要用开放的眼光搜索外部的资源和机会，向未来的成功更近一步。

从范围上划分，获得帮助可以分为三个层面：

一、 政府、国家的相关政策

从 2013 年开始，几乎每年国家和省市级政府都会有相关的政策。

"从 2013 年，将创业培训补贴政策期限从目前的毕业年度调整为毕业学年；各地区要对自主创业高校毕业生进一步放宽准入条件，降低注册门槛，创业地应按规定给予小额担保贷款及贴息、税费减免等政策扶持。"㊀等政策为我们的创业给予了很大地支持。

"2014 至 2017 年，在全国范围内实施大学生创业引领计划。通过提供创业服务，落实创业扶持政策，提升创业能力，帮助和扶持更多高校毕业生自主创业，逐步提高高校毕业生创业比例。各地要采取措施，确保符合条件的高校毕业生都能得到创业指导、创业培训、工商登记、融资服务、税收优惠、场地扶持等各项服务和政策优惠。"㊁

这两项政策从做减法的"税收减免"政策到做加法"指导、培训、优惠等"政策为大学生的创业创造了很多便利条件。

至 2016 年，创业不仅涉及单个企业，而且会有群体企业的创业，即有了《关于建设大众创业万众创新示范基地的实施意见》㊂，其中提到"构建大学生创业支持体系，建立健全弹性学制管理办法，允许学生保留学籍休学创业。"所以如果你有了创业想法，可以保留学籍休学创业，一旦创业不顺畅还可以回到学校完成学业。

2017 年，《关于印发"十三五"促进就业规划的通知》㊃中提到"落实促进高校毕业生创业的税费优惠政策，加大对初创企业的场地支持、设施提供、房租

㊀ 《关于做好 2013 年全国普通高等学校毕业生就业工作的通知》国办发【2013】35 号。
㊁ 《关于做好 2014 年全国普通高等学校毕业生就业创业工作的通知》国办发【2014】22 号。
㊂ 国办发【2016】35 号。
㊃ 国办发【2017】10 号。

减免、住房优惠等政策扶持力度,降低创业成本。"

国家政策如此之多,同时许多地方政府也有相应的政策,上海、北京、深圳等地都提出了扶持大学生创业的政策和指导意见。例如:

《关于做好2017年上海高校毕业生就业创业工作的通知》[一]中提到"充分利用大学的科技园、创业园、孵化基地等创新创业平台,为大学生创业提供场地支持,孵化一批创新创业项目。各高校要优化经费支出结构,通过学校自设、校外合作、风险投资等多渠道筹措资金,扶持大学生自主创业。"

北京市依据《中关村国家自主创新示范区提升创新能力优化创新环境支持资金管理办法》[二]制定了《实施细则》,对支持项目的支持对象、支持条件、支持内容、支持额度、申报和审核流程等内容进一步的明确细化。该《实施细则》在原文件的基础上,对知识产权、技术标准、新兴产业发展、国际创新资源、社会组织及科技服务平台五部分在支持内容方面进行明确和细化。将创新办法所涉及支持项目的支持对象、支持条件、支持内容、支持额度、申报和审核流程等内容进行了细化,使创新支持办法更具有可操作性。

《广州市科技创新第十三个五年规划》中明确了"十三五"期间广州市科技创新发展目标、实现路径、重点任务和保障措施,是广州市"十三五"期间科技创新工作的纲领性文件。其中提到要"形成开放、宽松、自主的创新生态","将广州建成具有国际影响力的国家创新中心城市"。

深圳市对初创企业有补贴政策,自主创业扶持补贴对象为:"未享受过创业扶持补贴的自主创业人员,及其在本市创办的正常经营并依法缴交社会保险费的初创企业。"该办法所称自主创业人员,是指深圳市普通高校、职业学校、技工院校毕业学年内和休学创业的在校学生等。

武汉市2017年6月发布《关于支持百万大学生留汉创业就业的若干政策措施》,力争5年留住100万名大学生。武汉市将放宽大学生落户条件,并且组织建立大学生实习(训)见习基地,提前让企业和大学生对接,开发社会服务岗位。这些政策措施不仅适用从武汉高校毕业的大学生,同样适用于全国其他高校毕业来

[一] 沪教委学【2017】4号。
[二] 中科园发【2017】11号。

汉创业就业的大学毕业生。可以说，全国各地绝大部分城市都有类似的政策。

二、外部组织

除了政府层面，我们也可以通过外部组织获得帮助。创业初期可以关注两类组织：

（1）传统的孵化器（Incubator）。孵化器在美国硅谷很早就有，其概念不仅停留在一个科技产业园了。孵化器是企业发展当中的助力机构，它会促进科技成果的转化，来培养那些高新技术企业，以及培养企业家成长。

（2）众创空间。众创空间是我国特有的做法和概念。它不仅提供办公场所，例如创业开始时的一个或两个格子间，同时还为创业者提供了培训、法律、投资、媒体宣传等各种帮助，打造了创新创业的生态系统。

根据业务侧重不同，有些孵化器和众创空间在行业上也有不同的关注点。目前的众创空间可以分为联合办公空间和创新型的孵化器两大产业形态。由此看出，孵化器以孵化投资项目为主，众创空间又增加提供了场地租赁等服务，这两类组织有区别也有共通之处。

在国内，孵化器的增长非常迅速，2016 年中国大陆各省市区众创空间数量如图 5-3 所示，一些省市的数量比较多，如重庆、江苏、广东、山东、上海等。大量的孵化器对于帮助创业企业的成长、降低他们的风险、推动他们的发展速度，起到了非常重要的作用。

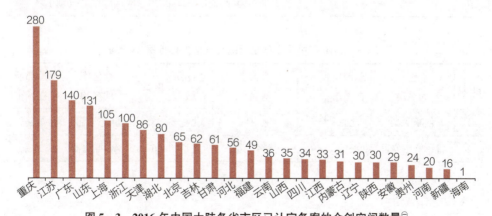

图 5-3　2016 年中国大陆各省市区已认定备案的众创空间数量㊀

㊀ 数据来源：《2016 中国创新创业报告》。

社会上会有一些对此类机构的排行榜,如表5-4和表5-5所示。根据所在城市来看,前30中,北京有19家,北京是大陆地区创业活动最发达、最繁荣的地方,孵化器在其中起到很重要的作用。其次上海3家,广州2家,深圳3家,这些城市的创新创业活动也都比较发达。但从资本和孵化器角度来讲,北京还是遥遥领先。这30家孵化器供大家参考,如果有创业想法,可以与所在城市的孵化器联系。

表5-4 2016年众创空间之中国创新孵化器排行榜30强[一]

序号	创新孵化器	序号	创新孵化器	序号	创新孵化器
1	腾讯众创空间	11	京津翼科技创新孵化器	21	中大创新谷
2	创新工场	12	苏河汇	22	前海厚德创业孵化器
3	联想之星	13	京东JD+孵化器	23	天府软件园创业场
4	长青腾创业营	14	3W孵化器	24	创业邦孵化器
5	启迪之星	15	碑林环大学创新产业带孵化器	25	光谷创意产业孵化器
6	AAMA亚杰商会	16	太库孵化器	26	洪泰创新空间
7	百度创业中心	17	氪空间	27	苏大天宫
8	北大创业孵化器	18	深圳创新谷	28	星云智能硬件众创空间
9	微软创投加速器	19	天府新谷孵化器	29	海尔海创汇
10	飞马旅	20	京西创业公社	30	广东文投创工场

表5-5 2016年中国众创空间综合竞争力排行榜TOP30[二]

排名	众创空间名称	总部所在城市	排名	众创空间名称	总部所在城市	排名	众创空间名称	总部所在城市
1	创新工场	北京	3	氪空间	北京	5	联想之星	北京
2	腾讯众创空间	深圳	4	优客工场	北京	6	3W孵化器	北京

[一] 发榜机构:标准排名/优客工场;榜单来源:《2016中国创新创业报告》。
[二] 资料来源于艾媒咨询(iiMedia Research)发布的《2016年中国众创空间综合竞争力排行榜》。

（续）

排名	众创空间名称	总部所在城市	排名	众创空间名称	总部所在城市	排名	众创空间名称	总部所在城市
7	深圳创新谷	深圳	15	创业黑马众创空间	北京	23	海尔海创会	青岛
8	启迪之星孵化器	北京	16	SOHO3Q	北京	24	京东JD+	北京
9	星云加速器	北京	17	极地国际创新中心	北京	25	中大创新谷	广州
10	太库	北京	18	车库咖啡	北京	26	AAMA亚杰商会	北京
11	创客邦	上海	19	广东文投创工场	广州	27	泰智会	北京
12	南极圈极空间	深圳	20	京西创业公社	北京	28	光谷创业咖啡	武汉
13	洪泰创新空间	北京	21	苏河汇	上海	29	方糖小镇	上海
14	飞马旅	北京	22	创业邦	北京	30	天府软件园创业场	成都

注：其中北京19家，上海3家，广州2家，深圳3家，青岛1家，武汉1家，成都1家。

除了孵化器之外，多参加一些由孵化器、大学、政府机构等共同创办的赛事活动对创业也很有帮助，此处罗列比较重要的全国赛事，如表5-6所示，供参考关注。

参加创业比赛，可以检验我们创业方案的正确性，同时能够开阔视野。在比赛中我们也许会发现创新的想法已经被其他小组创新者以更好的方式呈现或更巧妙的逻辑设计。当然，通过比赛，我们也能够锻炼自己的团队、优化创业的方案，为以后做更好的准备。如果能够取得名次，也能够获得奖金来支持我们的创业活动或者通过比赛获得外界的关注和扶持。

三、金融机构

通过之前的课程也了解到在创业的不同阶段，会有不同的机构提供给创业者资金上的帮助，从最早的种子轮、天使阶段，到后面的PRE-A、A轮等。

表 5-6 部分比较重要的全国赛事

赛事名称	举办方	时间	大赛主题	赛事奖励
2017年第三届中国"互联网+"大学生创新创业大赛	大赛由教育部、中央网络安全和信息化领导小组办公室、国家发展和改革委员会、工业和信息化部、人力资源和社会保障部、国家知识产权局、中国科学院、中国工程院、共青团中央和陕西省人民政府共同主办,西安电子科技大学承办	2017.3—2017.10	搏击"互联网+"新时代,壮大创新创业生力军	大赛设30个金奖,90个银奖,480个铜奖,设最佳创意奖、最具商业价值奖、最佳带动就业奖、最具人气奖各1个。获奖项目颁发获奖证书,提供投融资对接、落地孵化等服务设高校集体奖20个,省市优秀组织奖10个和优秀创新创业导师若干名,颁发获奖证书及奖牌
2017年第六届中国创新创业大赛	科技部、财政部、教育部、国家网信办和全国工商联	地方赛比赛时间:2017.6—2017.7 全国总决赛比赛时间:2017.9—2017.11	科技创新,成就大业	每个行业总决赛决赛后,初创企业组一等奖1名、二等奖1名、三等奖1名,成长企业组一等奖1名,二等奖2名,三等奖3名
2017年第六届中国大学生公共关系策划创业大赛	中国国际公共关系协会	2017.3—2017.10	创意、创新、创业——未公关的想象	大赛为参赛团队设置一等奖、二等奖、三等奖、优秀奖,获奖团队(或个人)将获得相应的奖杯、证书等奖励;大赛总决赛将从获一等奖的团队中选拔,总决赛设置金、银、铜奖;一、二、三等奖的指导老师将获最佳辅导奖;此外,大赛还将颁发校园组织奖、校园公益奖给大赛中表现突出的高校和社会各方支持机构

比赛名称	主办单位	时间	主题/内容	奖励
2017年第三届3S杯全国大学生生物联网技术与应用"三创"大赛	中国通信学会 江苏省物联网技术与应用协同创新中心	2017.3—2017.11	围绕互联网+行动计划开展信息技术与产业应用协同创新，运用物联网技术思想创新研究物联网智慧服务系统关键技术和解决方案，激发大学生的创新意识和创业精神	有获奖者将由主办方颁发获奖证书和奖金；奖金个人所得税由获奖者承担，主办方代扣代缴。奖金设置如下： 特等奖：5万元/项 一等奖：1.5万元/项 二等奖：5千元/项 三等奖：1千元/项 奖金分配方法：70%为参赛者奖金，30%为教师指导奖金
2017年"创业在上海"国际创新创业大赛	市委组织部、市发改委、市经信委、市教委、市人社局、团市委、市工商联、张江高新区管委会	2017.2—2017.8	创业在上海	小微组企业立项事后补助；成长组企业提供支持并有免费辅导培训；创业企业提供资金支持和免息贷款等。优秀企业可免费获得"未之星创业人培训计划"辅导，优秀团队可免费获得"创业谷"辅导
2017年中美青年创客大赛	中华人民共和国教育部	2017.4—2017.8	大赛倡导参赛者以促进社会可持续发展作为完赛主题，关注社区、教育、环保、健康、能源、交通等领域，产生的创意需契合比赛主题，并通过结合创新理念和前沿科技，打造具有社会意义和产业价值的作品	

227

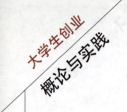

1. 基金

提供资金的机构当中有公益性的也有非公益性的。例如，上海市大学生科技创业基金会是公益性的基金，他们的投资基本上不追求创业的投资回报，以帮助大学生创业的公益为主。当然也不是送给你免费使用，它也有一些监督机制。上海市大学生创业接力基金是半公益性的基金，要求有一定的回报，但其公益性体现在要求回报不高，申请门槛比较宽松。非公益性的对于投资回报的要求比较高和严格，例如全国大学生创业基金。还有一些企业型区域性的，例如"西湖—星巢天使投资基金"。这些基金对项目进行甄选以后会选择一部分提供帮助。部分创业基金举例如表5-7所示。

表5-7　部分创业基金举例

基金名称	公益性	半公益性	非公益性
上海市大学生科技创业基金会	√		
中国大学生创业基金	√		
大学生就业创业基金	√		
中国青年创业就业基金会	√		
全国大学生创业基金			√
上海大学生创业投资接力基金		√	
至微投·亿元天使大学生创业基金			√
分豆不等天使投资基金			√
"西湖—星巢天使投资基金"			√
真格基金			√

2. 天使投资人

除了基金的资金支持，还有来自天使投资人的帮助。例如，熟为人知的著名歌手胡海泉的海泉基金、媒体中经常出现的徐小平的真格基金、朱啸虎的金沙江创投等，这些都是知名的天使投资。表5-8中提供的天使投资人可以参考。

表 5-8　2017 年中国天使投资人 TOP30[一]

序号	机构	投资人	序号	机构	投资人
1	险峰长青	陈科屹	16	清流资本	王梦秋
2	青松基金	董占斌	17	联想之星	王明耀
3	明势资本	黄明明	18	九合创投	王啸
4	戈壁创投	蒋涛	19	华创资本	吴海燕
5	英诺天使基金	李竹	20	纽信创投	吴强
6	老鹰基金	刘小鹰	21	梅花天使创投	吴世春
7	熊猫资本	毛圣博	22	真格基金	徐小平
8	西科天使	米磊	23	丰厚资本	岳弢
9	天使湾创投	庞小伟	24	青山资本	张野
10	接力基金	祁玉伟	25	凯风创投	赵贵宾
11	洪泰基金	盛希泰	26	零一创投	赵勇
12	初心资本	田江川	27	紫辉创投	郑刚
13	长石资本	汪恭彬	28	创新谷暨追梦者基金	朱波
14	创新工场	汪华	29	澎湃资本	朱靖雷
15	线性资本	王淮	30	金沙江创投	朱啸虎

　　这前 30 名的天使投资人都在大范围寻找有趣的有发展潜力的可行性的创业项目，如果对自己的创业项目比较有把握，可以研究这些投资人的投资偏好、所投行业的侧重点，或者所投阶段的侧重点，以及以往投资项目的特点。对他们的投资风格进行研究之后，可以选择几位投资人通过邮件与他们联系，将创业方案发送给他们。但对于这些投资人他们每人每天收到的投资方案在几百份以上，如何让他们对你的邮件和创业方案关注，还需要下功夫动脑筋。

　　以上介绍的就是创业当中可以从外部得到的帮助，特别补充的是这些帮助尤其是天使投资人，除了给我们提供资金之外，还能给我们带来丰富的行业经验和广泛的人脉资源。

　　创业，是不容易的，选择创业就是选择了一种生活，选择了一条人生轨迹。一旦走上了创业这条路，你会发现你面临的挑战和变数，和去做一个职业经理人

[一]　全球创业周中国站组委会与投中集团联合发布的"2017 年度中国最佳天使投资人 TOP30 榜单"。

是截然不同的。

达尔文曾经说过,"不是最强的物种能够生存下来,也不是最聪明的,而是最能够适应变化的。"在创业的过程当中,我们见到过许多毕业于名牌高校智商情商都非常高的创业者,然而他们却未必经受得起这样的挫折,在一开始自信满满,遭受打击以后垂头丧气,失败一次就一蹶不振,从此不敢再提到"创业"这两个字。这样的人是不适合去创业的。

在这个充满挑战和机遇的时代,我们更加鼓励大家成为一个连续创业者,在第一讲提到过创业失败的概率非常高,可能超过80%。那么谁能够成为一个成功的创业者?成功的创业者最后生存下来只有一个办法,那就是让你创业的次数能够增加,跌倒了再爬起来,我们可以这么想,如果你创业一次成功的概率是20%,失败率80%,那么你连续创业两次失败的概率就是64%,你成功的概率就提高到了36%。由此我们发现,只要坚持不断地在创业的这条路上去调整自己的方案,跌倒又爬起来,那么成功概率才能提高。为什么会把达尔文的这句话作为最后课程的总结,是希望大家在创业的过程当中能够充分地认识到创业过程中的风险,跌倒了站起来,接受新的挑战,只要不断地去调整自己、调整方案,那么就会在这个过程当中不断地得到积累和磨炼,离成功的彼岸就会越来越近。

创业案例 5-12

不气馁的连续创业者

有一位朋友,大约在十几年前决定去创业,但在创业的前期没有太好的想法,于是就开了一家水果店,后来开到第二家的时候,就开不下去了,因为他的许多想法在当时太超前,就把店关了。然而他并没有就此停止他创业的步伐,后来他又做了第二件事情,去开一个洗车房,但是他觉得这个洗车房要与普通的洗车行有区别,便只在加油站里设立了一个只有几平米大小的洗车房,设备是经过标准设计的。他希望做连锁,但也只做了不到十家。之后这样的模式在发展的过程中遇到了挑战,最后也没有做好。于是他又开始寻找新的项目,寻找到的第三个项目是在商场里,如今看来也是有前瞻性的,即在商场里提供手机的充电设备,并按次收费。当时找到的技术是可以将手机或者电池放入盒子里关上进行充电。在十年前这样的想法有领先性，这与现在共享经济的大潮推动下的共享充电宝有类似之处，但这个方案在当时太过超前，也没有成功。去年我和他再次相遇，他又在做一个全新的创意，这次的创意很有前途，他很有可能成功。虽然认识十几年，每隔一两年见一次，每次他提到的似乎都是一个很新鲜的创意，而且每次他在描述创业的过程当中都充满了想象力，脸上洋溢着的都是对那个创意的自信和在创业过程中的幸福。即使每次见到他时，他自己对前一个创意的描述都是不太成功，但他就是一个典型的连续创业者。

虽然他在创业的过程当中失败了很多次，可是每次他都在不断地总结经验教训，现在的这个创意已经让他企业的规模做到了一个亿。设想如果你去做一个职业经理人仅仅从个人财富的角度，恐怕很难做到这样的规模。作为一个创业者可能单独看每一次的创业结果都是失败的，但是至少从两个角度，我认为他是一个成功的创业者。第一，他个人的历练、个人积累的经验有非常长足的进步；第二，在这个过程中，他个人的财富也得到了有效的积累。

到今天为止他依然不是一个非常著名的创业者，他也很少有机会出现在一些媒体或者是在我们看到的一些传播率非常高的帖子上面，但是我认为他是一个优秀的创业者。

最后，我们如何看待创业？

1. 创业，与实践有关

不仅是通过理论学习就可以掌握创业的技巧，大家学到了许多与创业相关的知识和理论，然而仅仅知道这些是没有用的，我们必须要把它付诸实践才有价值。所以创业和实践有关，如果你要去创业，迈出了第一步，那么你有机会学习了创业的课程，即在第一步后面增加了一个0，你成长的速度会提升，可是如果你只学习了课程，那么只得到了0，所以1是非常重要的。特别强调创业和实践有关，要能够付诸实施。

2. 创业，离不开创新

我们不鼓励那种看上去破釜沉舟，仅仅有激情，却没有想法的创业。我们鼓励的是要有创新的创业。你要有和别人不一样的地方，或者是技术创新或者是商业模式创新或者是管理创新，至少其中要有一样，才能建立与众不同的优势。

3. 创业机会，无处不在

许多同学说创业的机会没有了或者错失了这个机会。当出差麻烦的时候，可以做网络公司，便有了"携程"；当吃饭麻烦的时候，很快就有了创业公司"大众点评"。如果仅仅从别人的创业当中去理解机会，就永远不会抓住机会。只要我们善于观察，创业的机会无处不在，尤其是在最传统的领域，在那些尚未被改造过的衣食住行等最传统的领域里往往最具有创业的生机。

最后一句话送给大家，我们不但要勇于创新、要去实践、要去努力寻找创业机会更要在这个过程中，给自己一颗坚强耐磨的心。创业的过程虽然艰辛，但我们只要做到"无所畏惧，勇猛精进，浮华散去，直面人心"，就离创业成功的彼岸不远了。我们鼓励大家通过对创业理论的学习产生更多的创业想法，大胆地去实践吧！

思考题

1. 什么是社会创业？社会创业企业等于非营利企业嘛？
2. 共享经济的特点是什么？
3. 共享经济与社会创业的区别与联系是什么？
4. 平台模式有什么样的特征？
5. 什么是同边网络效应与跨边（交叉）网络效应？
6. 什么样的平台能够赢者通吃？
7. 平台模式的设计要关注哪些方面？
8. 女性创业的优势、劣势、机遇与挑战分别是什么？
9. 创业初期，我们可以通过哪些途径获得外部帮助？

小练习

1. 选择一家社会创业企业,分析该企业的商业模式以及该企业解决的社会问题,关注该企业的收入来源及结构,思考该企业按照目前的发展方式是否可持续。
2. 平台模式一定是好的吗?请结合 P2P 网贷平台倒闭潮,分析平台模式可能存在的问题。
3. 在中国,你认为是否存在"赢者通吃"的平台?如果存在,请举例说明,阐述理由;如果不存在,请分析原因。

参考文献

[1] 杰弗里·蒂蒙斯,小斯蒂芬·斯皮内利. 创业学[M]. 周伟民,吕长春,译. 北京:人民邮电出版社,2005:31.

[2] 张玉利. 创业管理[M]. 北京:机械工业出版社,2015:260.

[3] 柳森. "泛共享经济"背后的沉浮密码[N]. 解放日报,2017-05-22.

[4] 金春妮. 百把共享雨伞一把没剩 企业回应:还会放第二批[N]. 法制晚报,2017-06-05.

[5] 何晓斌,等. 新创企业家应做"外交家"吗——新创企业家的社交活动对企业绩效的影响[J]. 管理世界,2013(6):128-137.

[6] Wasserman, Noam. The Founder's Dilemma[J]. Harvard Business Review 86, 2008(2):102-109.

[7] 邵学清. 微创新 大作为[N]. 科技日报,2015-01-06.

[8] 尹亮. 用创业创新来推动实现中国梦[EB/OL]. 新华网,2015-09-20.

[9] Scott Shane. Why encouraging more people to become entrepreneurs is bad public policy[J]. Small Bus Econ, 2009, 33:141-149.

[10] 于晓宇,汪欣悦. 知难而退还是破釜沉舟——转型经济制度环境背景下的创业失败成本研究[J]. 现代管理科学,2011(2):48.

[11] Rogers, Everett. Diffusion of Innovations[M]. 5th ed. New York:Simon and Schuster, 2003.

[12] Steven Gary Blank. 四步创业法[M]. 七印部落,译. 武汉:华中科技大学出版社,2012.

[13] 龚焱. 精益创业方法论:新创企业的成长模式[M]. 北京:机械工业出版社,2015.

[14] 史蒂夫·布兰克,鲍勃·多夫. 创业者手册[M]. 新华都商学院,译. 北京:机械工业出版社,2014.

[15] 莱斯. 精益创业[M]. 吴彤,译. 北京:中信出版社,2012.

[16] 闫恺. 验证最小化可行产品(MVP)的15种方法. [EB/OL] http://36kr.com/p/217020.html2014/12/01.

[17] 莫瑞亚. 精益创业实战[M]. 张玳,译. 2版. 北京:图灵教育出版社,2013.

[18] 郭广瑞. Demystifying Variance in Performance:A Longitudinal Multilevel Perspective[J]. 战略管理杂志,2017(6).

[19] 品途集团. 短租O2O案例研究:Airbnb[EB/OL]. (2013-07-26). https://www.huxiu.com/article/17779/1.html. 2013-07-26.

[20] 司春林. 创新型企业研究:网络化环境,商业模式与成长路径[M]. 北京:清华大学出版社,2016.